Frank-Rainer Schurich

Ein Mord, ausgegraben

Berliner Kriminalfälle aus sechs Jahrhunderten

Bild und Heimat

Von Frank-Rainer Schurich liegen bei Bild und Heimat außerdem vor:

Tödliche Lust. *Sexualstraftaten in der DDR*
(Blutiger Osten, 2018)

Der Schülermord von Steglitz *und 22 weitere Verbrechen*
(Blutiger Osten, 2020)

ISBN 978-3-95958-346-6

1. Auflage
© 2022 by BEBUG mbH / Bild und Heimat, Berlin
Umschlaggestaltung: capa
Umschlagabbildung: Chris Keller / bobsairport
Druck und Bindung: CPI Moravia Books s. r. o.

In Kooperation mit der SUPERillu

www.superillu-shop.de

Inhalt

Vorwort

Die Entwicklung von Großstädten hat viele Facetten. Verbrechen und Strafen sind eine davon, die immer auch Macht- und Zeitverhältnisse, Menschenbild und Sozialgeschichte widerspiegeln. Das gilt in besonderer Weise für den »Schmelztiegel« Berlin: einst die bürgerlichen Städte Berlin und Cölln schon im 14. Jahrhundert, dann kurfürstliche Residenzstadt, die Hauptstadt des königlichen Preußen und des kaiserlichen Deutschland, dann die Metropole der Weimarer Republik, die Zentrale des Nazireichs, die Hauptstadt der DDR und heute der deutsche Regierungssitz.

Die Zeitspanne der in diesem Band skizzierten unerhörten Berliner Kriminalfälle reicht vom Jahr 1510 bis ins Jahr 2012 (in fünfhundert Jahren hat sich unglaublich viel Kriminelles ereignet in Berlin, das nicht nur heute als »Hauptstadt des Verbrechens« gilt). Politisch motivierte, menschlich tragische, aus Gier und Leidenschaft verübte und skurrile Straftaten stehen im Mittelpunkt. Vor allem geht es, strafrechtlich gesehen, um Mord und Totschlag, aber auch um Vergewaltigung, Betrug und Raub. Verhängnisvolle Fehlurteile, Falschbeschuldigungen und Verbrechen, die gar keine waren, gab es quer durch alle Zeiten. Und auch der Berliner Gassenhauer und die Berliner Sagen haben dieses Buch wider Erwarten bereichert.

Die skizzenhaften Darstellungen der ungewöhnlichen und zumeist authentischen Kriminalfälle beschränken sich auf das Wichtige und Wesentliche. Man sieht ohnehin nur selten alles, sondern bestenfalls eine entscheidende Seite, die oft nicht die ganze Wahrheit ans Licht befördert, auch wegen der Kürze der Schilderungen. Es sind in erster Linie Erkundungsreisen in die Innenwelt historischen Geschehens, um die dunkle Seite der Weltstadt aufzuhellen. Und es darf natürlich weiter ermittelt werden!

Im Titel der Kurzgeschichten werden zuerst die Protagonisten genannt. Das sind in der Regel die realen Täter, aber auch historische Persönlichkeiten wie James Boswell und Wilhelm Stieber, in einem Fall auch ein Opfer, weil es keinen Täter gab. Die Jahreszahl weist auf das Jahr des Verbrechens hin, das manchmal aber als »Hauptjahr« zu verstehen ist, wenn fall- oder ortsbedingt über Ereignisse aus entfernteren Zeiten berichtet wird.

Es sei allen herzlich gedankt, die dieses Projekt und damit die kriminalhistorischen Reisen in die Vergangenheit gefördert und unterstützt haben.

Zunächst: »Die Archäologie stellt das durch die Geschichte Zerstörte wieder her«, meinte einmal der Dramatiker Friedrich Dürrenmatt. Archäologie und Kriminalistik bilden insofern ein Paar, weil die Kriminalisten so etwas wie archäologische Polizisten sind. Mein besonderer Dank gilt deshalb der Archäologin Frau Claudia Maria Melisch, die den Mord, der diesem Buch den Titel gab, ausgegraben hatte und mich zum Fundort rief. Auch danke ich sehr herzlich für die inspirierenden Fachgespräche, in denen es beständig darum ging, in der Vergangenheit Liegendes wieder erlebbar und sichtbar zu machen. Das war immer Archäologie und Kriminalistik – praktisch und der Zukunft wegen.

Sehr herzlich bedanke ich mich beim Berliner Regionalhistoriker und Redakteur der Zweiwochenzeitschrift *Das Blättchen*, Wolfgang Brauer, der vor einigen Jahren bei mir Anzeige erstattete, die Spur zu Charlotte Jünemann wies und Abbildungen zur Verfügung stellte.

Frau Annette Thomas vom Landesarchiv Berlin ermöglichte für die Fälle »Großmann« und »Jünemann« und den »Mord auf der Jannowitzbrücke« wieder Einblicke in die »Zentralkartei für Mordsachen und Lehrmittelsammlung« des berühmten Berliner Kriminalkommissars Ernst Gennat (* 1880; † 1939) und unterstützte so in bewährter Weise auch dieses Buchprojekt. Dafür vielen herzlichen Dank!

Sehr bedanken möchte ich mich bei Wolfgang Bürger aus Berlin-Rahnsdorf, der mir den ungewöhnlichen Fall über die interne Scheidung erzählte, der sich, quasi als Köpenickiade, in Berlin-Köpenick Anfang der 1970er Jahre zugetragen hatte.

Die Fotografien aus dem heutigen Berlin stammen, wenn bei der Abbildung nicht andere Urheber genannt wurden, vom Autor, die historischen Abbildungen aus seinen Archiven. Ich bedanke mich sehr herzlich bei den Kollegen Harald Bröer, Detlef Leifer und Mirco Wiske für ihre heutigen Stadtansichten, die damit die historischen Berliner Orte und Plätze bestens zur Anschauung gebracht haben. Denn »Bilder sind auch nur

Wörter – freilich in einer besseren Sprache«, wie es der deutsche Schriftsteller Jean Paul einmal ausdrückte.

Mein aufrichtiger Dank gilt ebenso Frau Katrin Böhme, Chefredakteurin der Zeitschrift *info110*, die vom Ministerium des Innern und für Kommunales des Landes Brandenburg herausgegeben wird, und Michael Otto, Leiter des Dezernats Klassische Kriminaltechnik im Kriminaltechnischen Institut des Landeskriminalamts Brandenburg in Eberswalde, die den Abdruck von zwei Abbildungen zum tragischen Fall von Matthias Hintze (1997) genehmigten.

Machen wir uns also nach der Devise Friedrichs des Großen »Toujours en vedette!« – »Immer auf (Vor-)Posten!« – auf den Weg. Ins Berlinerische übersetzt, heißt das: »Bange machen jilt nich!«

Kurfürst Joachim I.
Abrechnung am Rabenstein.
1510

Dem heutigen Strausberger Platz in Berlin mit seinen vier dominanten und flankierenden zehn- beziehungsweise fünfzehngeschossigen Turmhochhäusern und dem Brunnen von Fritz Kühn (1967) sieht man nicht an, dass hier einst in zahllosen öffentlichen Hinrichtungen mittelalterliche Strafen vollstreckt wurden. Ungefähr dort, wo sich die nordöstliche Bebauung befindet (Strausberger Platz 6–9), stand das Hochgericht oder der Rabenstein. Auf späteren Karten hieß dieser Platz nördlich der Frankfurter Straße (heute: Karl-Marx-Allee), wo sich lange Zeit niemand entschließen konnte, auf der »verfluchten Erde« Häuser zu platzie-

Der Strausberger Platz in Berlin im Januar 2022
(Foto: Harald Bröer)

ren, »Alter Gerichtsplatz«. In dem Schmettau'schen Plan von 1748 ist der Ort immer noch als »Alter Gerichtsplatz« an der Frankfurter Straße verzeichnet.

Im Mittelalter war dies ein »verrufener Ort« mit Rabenstein und Schinderberg. In der Regel fanden hier zweimal im Jahr zur Abschreckung der Berliner Hinrichtungen statt. Auch nachdem Anfang des 18. Jahrhunderts im Zuge der Stadterweiterung das Hochgericht nach Norden in Richtung Wedding verlegt wurde, blieb der Platz noch lange unbewohnt, denn an diesem »verrufenen Ort« wollte niemand zu Hause sein.

Rabensteine befanden sich einst in fast allen Städten Deutschlands, denen die peinliche Gerichtsbarkeit zustand. Der aus Steinen erhöht angelegte Platz und die dort häufig anzutreffenden Raben gaben diesen Orten ihren Namen. Denn die Leichen wurden nach alter Sitte im Anschluss an die Exekution am Strick hängen- oder auf dem Rad liegengelassen, wodurch sich Raben und andere Vögel des verwesenden Leichnams annehmen konnten. »Für vogelfrei erklären« und »Sollen dich die Raben fressen!« – diese heute noch gebräuchlichen Redewendungen erinnern uns sinnbildlich an jene mittelalterlichen Hinrichtungsstätten.

Der Berliner Rabenstein ist auch der Schauplatz für einen ungeheuren Justizmassenmord an jüdischen Bürgern. Am 10. Februar 1510 wird durch den Pfarrer in der Kirche des kleinen Dorfes Knoblauch bei Brandenburg ein Diebstahl entdeckt. Die vergoldete Monstranz, der wertvollste Besitz der ansonsten armen Gemeinde, ist ebenso verschwunden wie ein kleines Messingbüchschen, in dem die erst kürzlich geweihten beiden Hostien aufbewahrt waren. Später findet man Stücke der Monstranz in Bernau im Hagen ganz in der Nähe der Stadtmauer. Der Verdacht fällt sogleich auf den Kesselflicker Paul Fromm, der als besonders rauflustig und brutal ganz obenan auf der schwarzen Liste des Bernauer Bürgermeisters steht. Als Fromm vom Verdacht gegen ihn hört, ergreift er die Flucht, wohl wissend, dass jegliche Untersuchung gegen ihn, ob er nun unschuldig ist oder nicht, einem Todesurteil gleichkommen muss.

Nun erst recht verdächtig, jagen ihn die Büttel. Sie bekommen ihn nicht, aber er macht einen Fehler: Als er noch einmal in sein Haus zurückkehrt, wird er verhaftet. Paul Fromm gesteht sofort die schändliche Tat, um sich der Folter zu entziehen. Aber sein Plan geht nicht auf. Die Obrigkeit will mehr, will, dass die Juden in diesen Kirchendiebstahl verwickelt werden.

Zu dieser Zeit sind die Juden durch gesetzliche Bestimmungen vom normalen Handel und Handwerk ausgeschlossen und gezwungen, von niedrig bezahlten Dienstleistungen oder vom Geldverleih zu leben; Geldgeschäfte sind den Katholiken dagegen streng verboten. Die christlichen Schuldner dieser Zeit greifen nun zu kriminellen Mitteln, um ihre Schulden loszuwerden. Unter religiösen oder abergläubischen Vorwänden werden jüdische Gläubiger vertrieben und sogar ermordet. So forderten die märkischen Landstände beispielsweise schon 1480 vom Kurfürsten, alle Juden aus dem Lande auszuweisen.

Kurfürst Joachim I. (* 1484; † 1535) steht den Juden ambivalent gegenüber. Einerseits benötigt er ihr Geld, andererseits will er sie auch loswerden. So holt er 1510 zum großen Schlag gegen das Judentum aus.

Anlass ist das »Geständnis« von Paul Fromm, der so lange gefoltert wird, bis er aussagt, eine Hostie einem Juden Salomon aus Spandau verkauft zu haben. Nach der vom Kurfürsten angeordneten Gegenüberstellung von Fromm und Salomon, welcher, zweifelsohne durch Folterungen gezwungen, den angeblichen Kauf der Hostie, deren Schändung und stückweisen Wiederverkauf an andere märkische Juden zugibt, setzt in der gesamten Mark Brandenburg eine umfassende Verfolgung und Verhaftung von Juden ein.

Die Zahl der Beschuldigten, die man nicht allein der Hostienschändung, sondern auch des Ritualmords an Christenkindern bezichtigt, und die man zu den unsinnigsten Geständnissen nötigt, wächst auf hundert an. Wie ambivalent Kurfürst Joachim I. den Juden gegenübersteht, zeigt die Tatsache, dass viele der Beschuldigten erst ein Jahr zuvor mit Familie und Gesinde von ihm höchstselbst gegen Zinszahlung in der Mark Brandenburg aufgenommen worden waren.

Die Angeklagten bringt man auf Geheiß des Kurfürsten nach Berlin. Bürgermeister Hans Brackow, gleichzeitig mit dem Amt des Stadtrichters betraut, führt am 19. Juli 1510 den Vorsitz des sogenannten endlichen Rechtstages, eines spektakulären Schauprozesses, der als einer der größten Judenprozesse in die Geschichte der Mark Brandenburg eingehen wird. Auf dem Neuen Markt an der Marienkirche werden Paul Fromm und achtunddreißig Juden vor großem Publikum zum Feuertod verurteilt, zwei Juden zum Tod durch das

Schwert. Das Urteil lautet: »Paul Fromm ... soll man auf einen Wagen binden, die Gassen auf und nieder führen, mit Zangen reißen und danach in ein Feuer legen, ... die boshaften, schnöden und verstockten Juden ... zu Pulver verbrennen.«

Paul Fromm wird über anderthalb Stunden durch Berlin und Cölln auf dem Henkerskarren durch alle Gassen gefahren, wobei der Scharfrichter an jeder Straßenecke seinen Oberkörper mit glühenden Eisenzangen peinigt, bis dieser nur noch eine einzige grauenhafte Brandwunde ist. Dann fährt man den Ohnmächtigen zum Oderberger Tor hinaus in Richtung Rabenstein. Zuvor sind schon die verurteilten Juden durch das Oderberger Tor zum Richtplatz gezogen – vom Publikum mit Steinwürfen malträtiert, in schlichte Kaftane gehüllt und mit spitzen Hüten auf den Köpfen. Sie werden auf einem dreigeschossigen, mit Holz, Stroh und Pech belegten Holzgerüst, etwa dreißig Schritte von dem sonst für Hinrichtungen benutzten Schafott entfernt, mit Halseisen angekettet.

Paul Fromm wird an der einzeln stehenden, ebenfalls mit Pech bestrichenen Säule neben dem Holzgerüst angeschmiedet. Dann setzt der Scharfrichter mit einer Fackel unter dem Johlen des Volkes Säule und Gerüst in Brand. Eine gewaltige Glut lodert am Rabenstein, und fürchterliche Schreie gellen, bis nur noch Ächzen und Stöhnen und dann gar nichts mehr zu hören ist.

Zwei weitere Juden treten schon in der Voruntersuchung zum Christentum über und erhoffen damit, dem Tode zu entkommen. Aber Joachim I. kennt keine Gnade. Sie werden am nächsten Tag mit dem Schwert hingerichtet. Alle anderen Juden werden durch eine Verfügung Joachim I. aus der Mark Brandenburg ausgewiesen und enteignet. Die Kirche feiert das Ereignis als Sieg, und die Christen sind ihre Schulden mit einem Schlag los. Erst 1539 hebt man den Ausweisungsbefehl wieder auf.

Hauptschuldiger an diesem Massenmord ist der Kurfürst Joachim I. Er gilt als weise und gebildet – und hat doch die Verfolgung und Vernichtung seiner jüdischen Landeskinder nicht nur nicht verhindert, sondern eher forciert. Und mit Paul Fromm ist zwar wohl ein Kirchendieb hingerichtet worden – wie sich aber sehr bald herausstellte, waren der Rest seines Geständnisses und seine Bezichtigung des Juden Salomon falsch …

Hinter dem Wohnhaus Mollstraße 11 in Berlin-Mitte, unweit des Strausberger Platzes und des Alexanderplatzes, erinnert heute ein Granitblock mit zwei Gedenktafeln für die ermordeten Juden an diesen Justizmassenmord. Die Tafeln waren einst am Altersheim Lietzmannstraße (aus dem Stadtbild getilgt) angebracht. Genau an dieser Stelle befand sich der älteste bekannte jüdische Friedhof der Stadt. Und so lautet die hebräische Tafelinschrift: »Hier ruhen die heiligen Gebeine der Mitglieder unserer ersten Gemeinde in Berlin. Sie wurden als Märtyrer ermordet und verbrannt am 12. Aw 5270. Diese Gedenktafel wurde von Meir, dem Sohn von Abraham Salomonski, im Jahr 1935 angebracht.«

Die metallene Zusatztafel am Sockel des Granitsteins klärt den Stadtwanderer in deutscher Sprache auf: »Im Jahre 1510 wurden 38 Berliner Juden wegen angeblicher Hostienschändung verbrannt. Ihre Gebeine sind hier bestattet.«

Denkmal für die ermordeten Juden
(Foto: Frank-Rainer Schurich, 2015)

Kurfürst Johann Georg
Der grausame Tod des Lippold ben Judel
Chluchim. 1573

Gegenüber der Gaststätte *Zur Gerichtslaube* im historischen Nikolaiviertel in Berlin-Mitte befinden sich in der Poststraße 4–5 die »Kurfürstenhöfe«. Eindrucksvoll ist die schmiedeeiserne Gestaltung von Eingangstür und Eingangstor des Büro- und Geschäftshauses.

Kurfürstenhöfe heute
(Foto: Frank-Rainer Schurich)

An dieser Stelle, in der Poststraße 5, befand sich von 1565 bis zu ihrem Umzug 1585 in den Apothekerflügel des Schlosses die Kurfürstliche Münze. Münzmeister war der aus Prag gekommene, dort der Münzfälschung verdächtigte Lippold ben Judel Chluchim, der schon um 1550 beim Kurfürsten Joachim II. (* 1505; † 1571) von Brandenburg eine wichtige Vertrauensstellung erlangte.

Bereits 1556 war Lippold von Kurfürst Joachim II. zum »Obersten aller märkischen Juden« ernannt worden. Als kurfürstlicher Münzmeister hatte er, bei aller Abhängigkeit von seinem Herrscher, weitreichende Kompetenzen und großen Einfluss. Er überwachte Ein- und Ausfuhr, legte die Steuern der jüdischen Gemeinden an die kurfürstliche Kasse fest, war kurfürstlicher Schatullenverwalter und übte teilweise sogar polizeiliche Gewalt aus.

So konnte er Hausdurchsuchungen und Verhaftungen säumiger Zahler anordnen und Gold und Silber zugunsten der Kurfürstlichen Münze beschlagnahmen. Auch 1567, als die Häuser wohlhabender Berliner Kaufmannsleute besetzt, ihre Waren, Gelder, Wertsachen und Schuldscheine sichergestellt und dem Kurfürsten direkt, teilweise aber auch seinem Münzmeister zugeführt wurden. Eingezogene Geschäftspapiere wurden genutzt, um wegen Wuchers oder Münzfälschung Betroffene weiter zur Ader zu lassen.

Lippold, ein Mann mit Geschäftssinn und ohne Skrupel, lieh sich selbst bei anderen hohe Summen, die er nur widerwillig zurückzahlte – oder gar nicht. Verlieh er aber Geld, berechnete er den Schuldnern Zinssätze bis zu 54 Prozent.

Der Münzmeister war für den verschwenderischen und genusssüchtigen Kurfürsten zum unentbehrlichen Geldbeschaffer, zum »lieben, getreuen Lippold« geworden. Und das schuf Neider und Feinde, von

Letzteren war wohl der gewichtigste der kurfürstliche Sohn Johann Georg.

Kurfürst Joachim II. starb in der Nacht vom 2. auf den 3. Januar 1571 auf Schloss Köpenick. Er hinterließ einen ungeheuren Schuldenberg, insgesamt 4,7 Millionen Taler. Schuldige an der kurfürstlichen Misswirtschaft mussten gefunden werden. Der neue Kurfürst Johann Georg ging gegen die Günstlinge des hochverschuldeten Kurfürsten vor, womit des Juden Lippold Schicksal besiegelt war. Er versuchte zu fliehen, wurde aber festgenommen und als »Hofjude« diffamiert, der sich wie ein »Tyrann« am »unschuldigen christlichen Blut« vergangen habe.

Wenn auch die Prüfung der kurfürstlichen Finanzbücher keine Unregelmäßigkeiten, vielmehr Schulden des Kurfürsten an seinen Münzmeister ergaben, fand man Vorwände, Lippold unmenschlich zu foltern. Schließlich wurde er in der Gerichtslaube wegen Zauberei, Verkehr mit dem Teufel und Vergiftung Joachims II. mit einem durch Folter erlangten Geständnis, aber ohne jeglichen Beweis verurteilt.

Lippold wurde zum Ergötzen der missgünstigen Bürger auf einem Karren durch Berlin und Cölln gefahren, dabei mit glühenden Zangen gemartert und schließlich am 28. Januar 1573 durch Scharfrichter Benedictus Barsch auf dem Neuen Markt an der Marienkirche öffentlich und vor einer großen, keineswegs betroffenen oder gar empörten Menschenmenge gerädert und geviertelt. Die Eingeweide und das angebliche Zauberbuch wurden anschließend auf dem Neuen Markt verbrannt, der Kopf auf einer Stange hoch über dem Georgentor, dem früheren Oder-berger- und späteren Königstor, zur Schau gestellt. Dieses Tor der alten Stadtmauer befand sich in der heutigen Rathausstraße kurz vor dem Alexanderplatz.

Vom neuen Kurfürsten Johann Georg wurden alle Juden aus der Mark Brandenburg verbannt. Es war dies nicht das erste und, wie wir wissen, auch nicht das letzte Judenpogrom im Lande und in der Stadt.

Das historische Gebäude Poststraße 5 wurde 1867 abgerissen. Einer der letzten Nutzer war Louis Drucker, der hier ab 1839 eine Weinhandlung und Kellerkneipe betrieb. In das neu errichtete Geschäftshaus wurde 1922 das Grundstück Poststraße 4 einbezogen. Im Nachbarhaus, Poststraße 6, befand sich während des Zweiten Weltkriegs eines der 666 Berliner Zwangs-arbeitslager.

Heute befindet sich in den Kurfürstenhöfen in der Poststraße 4–5 auch die Bundesgeschäftsstelle des Bundes Deutscher Kriminalbeamter.

Raphael Teppichmachers Junge
Ein Mord, ausgegraben.
1580

Aus dem alten Cölln auf der Spreeinsel und dem benachbarten Berlin entstand die Metropole Berlin. Alle Fakten sind nicht nur durch die im Jahr 2012 begangene 775-Jahr-Feier bekannt: Cölln als Stadt wird 1237 erstmalig urkundlich erwähnt, Berlin 1244. Aber wie gestaltete sich das Leben in diesen grauen Vorzeiten?

Die Chronik der Cölner Stadtschreiber vom Jahre 1542 bis zum Jahre 1605 verzeichnet Denkwürdiges und zuweilen auch Belangloses. Die zur Führung von Bürgerrollen verpflichteten Stadtschreiber lassen aber interessante Einblicke in die damaligen Zustände zu. Sie schreiben über das Gerichtswesen und die Stadtgeschäfte, über Personen, die sich um das Gemeinwesen verdient gemacht haben, sie berichten vom Leben und Sterben, von schlimmen Krankheiten und Häusereinstürzen, von Verbrechen, Unfällen und Bränden sowie von außergewöhnlichen Himmelserscheinungen.

So sind am 7. Mai 1580 »in der Luft Wunderzeichen mit Feuerstralen gewesen«, am 1. Juni 1580 war »Georgen T e u s c h e r todtlichen abgegangen«, also verstorben, und am 27. Juni 1580 fand man auf der »Collnischen Stadtheiden eine todte, erschlagene Magdt oder Weibsbildt«. Und dann wurde es richtig kriminell:

»Den 27. July hat Raphael Teppichmachers Junge mit Namen … einen erstochen, und ist ihme des folgenden Tages vor dem Cöllnischen Rathhause wiederumb der Kopff abgeschlagen und neben dem Entleibten in ein Grab gelegt worden.« Warum diese Mordtat geschah und wer das Opfer war, ist nicht überliefert. Raub, Eifersucht, Wut, Neid? Wir wissen es nicht. Wir wissen nur, dass genau vierzehn Tage zuvor die Räte von Berlin und Cölln eine ziemlich moderne Verordnung gegen den übertriebenen Luxus erlassen hatten …

> Den 27. Juny ist uff der Cöllnischen Stadtheiden eine todte, erschlagene Magdt oder Weibsbildt, jenseit dem Treptow, gefunden worden.
> Den 27. July hat Raphael Teppichmachers Junge mit Namen …… einen erstochen, und ist ihme des folgenden Tages vor dem Cöllnischen Rathhause wiederumb der Kopff abgeschlagen und neben dem Entleibten in ein Grab gelegt worden.

Auszug aus der *Chronik der Cölner Stadtschreiber vom Jahre 1542 bis zum Jahre 1605*

Hinrichtungen mittels Schwert wurden sowohl vor dem Berliner- als auch vor dem Cöllnischen Rathaus vollzogen. So ist die eigens dafür errichtete »Bühne vor dem Cöllnischen Rathhause« turnusmäßig zu einem »Theater des Schreckens« geworden.

Was dem heutigen Rechtswesen ja völlig fremd ist: Dem Mörder hat man einen kurzen Prozess gemacht. Er wurde zum Tode durch das Schwert verurteilt und vor dem Cöllnischen Rathaus, unweit der Petrikirche, hingerichtet. Die Richter verfügten, dass der Kopf des Mörders zum Körper des Opfers gelegt werde.

Es ist eine wissenschaftliche Sensation, dass das Team um die Ausgrabungsleiterin Claudia Maria Melisch am Petriplatz in Berlin, also auf dem Friedhof an der Petrikirche (zur DDR-Zeit befand sich hier ein Parkplatz, vor allem für die Besucher der Jugendmode in der Brüderstraße), mit überaus großer Wahrscheinlichkeit am 17. Juni 2008 genau dieses Grab gefunden hat (Befund-Nr. 3816) – nach 428 Jahren!

Sensationeller Ausgrabungsfund: Das nach 428 Jahren entdeckte Grab von Opfer und Täter – Befund-Nr. 3816 (Foto: Claudia Maria Melisch)

Die anthropologische Bestimmung ergab, dass das vollständig erhaltene Skelett einer männlichen Person gehörte, fünfundzwanzig bis fünfunddreißig Jahre alt, der skelettierte Schädel ebenfalls einem Mann, dreißig bis vierzig Jahre alt. Auch die Bestimmung der Liegezeit spricht dafür, dass genau dieser Kriminalfall wieder an das Tageslicht befördert worden ist. Denn es war in unseren Breiten wohl äußerst selten oder vielleicht gar einmalig, dass die Richter bestimmten, den Mörder, jedenfalls einen Teil von ihm, und den Ermordeten in einem Sarg zu bestatten. Die Hintergründe, warum dies so geschehen ist, können nur vermutet werden. Vielleicht war es eine besondere Form der Sühne oder Gnade.

Das Team um Claudia Maria Melisch ist nicht nur auf Überreste der Mitte der 1960er Jahre gesprengten Petrikirche gestoßen, sondern auch auf 3.210 Gräber mit 3.888 Skeletten, dazu noch zahlreiche Knochenteile, die nicht mehr zugeordnet werden konnten. Diese »Streuknochen«, insgesamt zwölf Kubikmeter, fanden am 18. November 2012 auf dem Friedhof St. Petri-Luisenstadt in Berlin-Friedrichshain ihre letzte Ruhe.

Die Gebeine des Ermordeten und der Schädel des Sohnes von Raphael Teppichmacher lagern mit den anderen Skeletten noch in der Gruft der Parochialkirche in Berlin-Mitte. Geplant ist ein Kolumbarium, ein Archäologisches Haus am Petriplatz. Dort, fast an ihrem angestammten Platz, werden dann wieder der Schädel des Mörders und das Skelett des Opfers ruhen. Hoffentlich dann für den Rest der Ewigkeit.

Nach der ruchlosen Tat von Raphael Teppichmachers Sohn verzeichnet die Chronik, dass vom 15. bis zum 18. August 1580 die »große Stube auf dem Rathause zu Cölln renoviert, ausgeweißet und neue Fenster darin gemacht worden«. Das Leben ging einfach weiter im alten Cölln, und auch Verbrechen und Unglücke schliefen nicht. Am 18. August 1580 geschah wieder etwas Tragisches. Im Schloss war »der neue Küchen-Scharstein eingefallen und einen Jungen getroffen und ime die Augen auß dem Kopff und beyde Arme und Beine entzwey geschlagen«. Ob der Junge überlebt hat, ist nicht überliefert.

Am 15. Dezember 1583, heißt es später in der Chronik, war Matz Jhan Paul wegen begangener Kirchendiebstähle und Notzucht an einer Magd zum Tode durch das Rad verurteilt worden. Aber »uff Vorbitte furnemer Leute« wurde er mit dem Schwert hingerichtet. Auch damals schon konnten vornehme Leute einiges bewirken …

Und viele Jahre nach dem Mord durch den Sohn von Raphael Teppichmacher, genau am 8. September 1637, wurde der Cöllner Bürgermeister Johann Wedigen im 1580 renovierten Cöllnischen Rathaus vom Adligen Hans Georg von Hake »mit einem kurzen Hirsch Fänger in zwey Stichen« ermordet. Aber das ist eine neue Geschichte …

Hans Georg von Hake
Der Mord im Cöllnischen Rathaus.
1637

Es war eine schlimme Zeit. Berlin und Cölln verschonte der Dreißigjährige Krieg (1618 bis 1648) nicht; die Truppen Wallensteins und des Schwedenkönigs Gustav II. Adolf plünderten die Doppelstadt und meuchelten Bewohner. In Folge der dramatischen Ereignisse breiteten sich Hunger und Seuchen aus; viele Bürger flüchteten aus Angst um ihr Leben aus der Stadt.

Im Jahre 1631, mitten im Krieg, brach die Pest aus, 2066 Menschen starben – fast ein Viertel der Bevölkerung, will man den Quellen glauben. 1637 schien sich die Lage zum Besseren zu wenden, als im Sommer des Jahres die Epidemie erneut wütete, die diesmal 840 Tote forderte. Die Gottesmänner rieten zu umgehender Buße, habe doch »der allein gerechte Gott hiesige Residenzstadt wegen ihrer groben überhäuften Sünden unter anderen Plagen auch mit der auffallenden Seuche der Pestilenz« heimgesucht. Was sollten sie auch sonst predigen? Denn Abstands- und Hygieneregeln waren in der dichtbesiedelten Doppelstadt ohne Kanalisation nicht einzuhalten.

Und zu all diesem Ungemach kam noch ein Mord im Cöllnischen Rathaus, unweit der Gertraudenbrücke!

Als am 8. September 1637 der Cöllner Bürgermeister Johann Wedigen nachmittags auf das Rathaus ging, um seine Amtsgeschäfte zu erledigen, erschien um zwei Uhr der Adlige Hans Georg von Hake, der von der Hakeburg in Kleinmachnow einen Ausritt nach Cölln machte, um eine geringe, aber auch strittige Schuld aus Kontributionszahlungen vom dortigen Magistrat einzutreiben. Wahrscheinlich war er durch das Gertraudentor in die Stadt gekommen, und von dort war es nicht weit bis zum Rathaus. Er hatte seine beste Kleidung angelegt, um Eindruck zu schinden, und ging unangemeldet in die Amtsstube des Bürgermeisters. Offenbar gab es gar keine Auseinandersetzung, denn Johann Wedigen soll nicht ein einziges böses Wort gesagt haben. Dennoch hatte sich der Besucher nicht in der Gewalt. Jähzornig, wie er war, streckte er den Bürgermeister mit einem kurzen Hirschfänger »in zwey Stichen« zu Boden, »den einen auf der rechten Seiten in den Unterleib hinein, und auf der lincken Seiten wieder durch, den andern gleichfalls auf der rechten Seiten ins Bein hinein und hinten bey den dicken Lenden wieder herausgegangen …« So beschrieben in der im Jahre 1699 abgeschlossenen Nachrichtensammlung namens *Chronicon Berolinense*.

Am folgenden Tag gegen neun Uhr verstarb Johann Wedigen an seinen schweren Verletzungen. Hans Georg von Hake wurde sofort nach der Tat in Arrest genommen. Schon am 11. September 1637 kamen die Stadtrichter und ihre sieben Schöffen zu einem Urteilsspruch, denn die Beweislage war klar: Enthauptung, die Ehrenstrafe für Angehörige des Adels; zuvor sollte ihm die rechte Hand, mit der der Ruchlose den

Hirschfänger geführt hatte, abgehauen werden. Der Kopf des Mörders sollte dann an einer Landstraße öffentlich zur Schau gestellt werden, damit das Volk ermahnt werde, derartige Streitigkeiten nicht auf diese Art zu lösen.

Die Adelslobby zeigte sich über das Urteil höchst empört, wobei sie nicht die ehrenvolle Hinrichtung durch das Schwert kritisierte. Die Hand abschlagen und den Kopf zur Schau stellen – das ging zu weit bei einer so angesehenen Persönlichkeit.

Die Juristische Fakultät der Universität Frankfurt (Oder) bestätigte das Urteil in allen Teilen, was den Landesadel aber immer noch nicht zur Räson brachte. Graf Adam von Schwarzenberg wurde beauftragt, beim Kurfürsten Georg Wilhelm zu intervenieren. Dieser ließ sich von den Argumenten überzeugen, was sich in der Chronik wie folgt liest: »Das Urtheil brachte zwar mit, daß ihm erst die rechte Hand solte abgehauen werden; allein er ist in diesem Punckt begnadigt worden.« Auch die Zurschaustellung des Kopfes wurde unterbunden; der Kurfürst legte gnädigst fest, den Toten der Familie zur Bestattung zu übergeben, nicht ohne hinzuzufügen, dass dies eine Ausnahmeregelung sei.

Erstaunlich für heutige Verhältnisse: Diese ganze juristische Auseinandersetzung war in neun Tagen erledigt.

So wurde der Affektmörder Hans Georg von Hake am 18. September 1637, nur zehn Tage nach dem Mord, öffentlich auf einer Bühne vor dem Cöllnischen Rathaus enthauptet, und es geschah, wie der Kurfürst es bestimmt hatte; die Leiche wurde nach »Machenow« (Kleinmachnow) überführt und in der dortigen Dorfkirche bestattet.

Der Scharfrichter Jeck machte bei dieser Hinrichtung ein besonderes Schnäppchen. Es war Brauch, dass die Kleidung des Delinquenten dem Scharfrichter gehörte, worum Jeck auch bat. Aber der Kurfürst legte fest, dass er anstelle der Bekleidung eine Ausgleichszahlung von zehn Talern bekommen soll. Das war viel mehr, als die Hinrichtung gebracht hätte. Ein gutes Geschäft.

Etwas verwundern musste die Leichenpredigt des Propstes von Cölln, der den getöteten Johann Wedigen in eine Reihe mit dem ebenfalls ermordeten Julius Cäsar rückte. Der Berliner Kirchenlieddichter Michael Schirmer bedauerte, dass das verdienstvolle Stadtoberhaupt seine Anstrengungen für das Wohl der Bürger so jäh beenden musste. Er verglich die Arbeit des Bürgermeisters gar mit der griechischen Sagengestalt Sisyphos, der als Strafe einen Felsblock auf einen Berg wälzen musste, von dem er im letzten Moment immer wieder herabrollte.

Derartige Lobgesänge und fragwürdigen Vergleiche waren zwar trostreich anzuhören, nützten aber der Familie Wedigen gar nichts. Es wird vermutet, dass ihr sozialer Abstieg mit dem Tod des Familienoberhaupts begann. Den Kindern von Johann Wedigen war jedenfalls ohne den wichtigsten Lobbyisten der Familie ein sozialer Aufstieg nicht mehr möglich. Da hat sich bis heute gar nichts geändert, mehr denn je wiegen Beziehungen viel schwerer als Gerechtigkeit oder Kompetenz.

Erwähnt werden muss noch, dass der wackere, aber zum Affekt und zu Wutausbrüchen neigende Landedelmann, der 1583 geboren wurde und an der Universität in Frankfurt (Oder) studierte, wohl ein Wiederholungstäter war. Im Jahr 1621 stritt er schon zweimal mit den kurfürstlichen Behörden. In der Auseinandersetzung mit einem Dr. Didde verwundete er diesen am Hals, danach misshandelte er jähzornig einen Herrn von Lindholz, weswegen Hans Georg von Hake sogar in Haft genommen werden musste. Durch einen Vergleich mit der Familie des Opfers kam er aber wieder frei. Wie wir heute wissen, für sechzehn Jahre.

Caspar Balthasar
Der Mord auf der Jungfernbrücke.
Um 1750

Berlin hat viele Brücken: historische und »janz neue«,
wie der Berliner sagt, schöne und hässliche, baufällige
und denkmalgeschützte. Die Jungfernbrücke zwischen Friedrichsgracht und Unterwasserstraße ist
die Inkarnation eines Denkmals, im Mittelteil 1798
erbaut. Bis heute die Touristenattraktion! Es ist die
letzte von ehemals neun Zugbrücken über die Spree.
Der mittlere Durchlass von etwa acht Meter Länge war
für die damalige Schifffahrt als Klappbrücke mit Auf-
windevorrichtungen ausgerichtet, deren technische

Jungfernbrücke heute
(Foto: Harald Bröer, März 2022)

Konstruktion unverändert erhalten ist. Berlinerisch: »Siehste, se jeht noch!«

Die erste Brücke an dieser Stelle war im letzten Viertel des 17. Jahrhunderts erbaut worden; sie vermittelte von dem mit der Memhardtschen Stadtbefestigung errichteten Leipziger Tor über die einstige Alte Leipziger Straße in Friedrichswerder den Zugang nach Cölln. Das ist wichtig zu wissen, um die Jahreszahl 1750 zu verstehen.

Die charakteristische Silhouette der heutigen Brücke erinnert jedenfalls an holländische Grachtenbrücken, und ihren Namen verdankt sie vermutlich den hugenottischen »Jungfern«, die auf der Brücke Klöppelspitzen verkauften – heißt es in offiziellen Verlautbarungen.

Fangen wir mit diesen Jungfern an. Der »Französische Hof« gegenüber der Jungfernbrücke mit der Anschrift Friedrichsgracht 61, ein altes, breites, zweistöckiges Haus mit großem Tor und Hof, war nach dieser Lesart der Ausgangspunkt für die Namensgebung. Hier hatten nach dem Edikt von Potsdam (1685) viele vom Großen Kurfürsten aufgenommene hugenottische Emigranten – französische Glaubensflüchtlinge – ihre Wohnung. Auch »Demoiselles« lebten hier, die wundervolle Spitzen herstellten und darin große Meisterinnen waren. Damals aber sagten die Berliner nicht »Demoiselles« zu den französischen Kolonistinnen, sondern auf gut Deutsch »Jungfern«. Um es den Kunden beim Einkauf bequemer zu machen und nicht die Wohnungen aufsuchen zu müssen, boten sie an der Brücke ihre Waren feil. Man ging also zu den französischen Jungfern, um Spitzen, feine Wäschestücke und später Bänder zu kaufen. Und weil diese Jungfern nicht nur handfertig, sondern auch klatschsüchtig waren, strömten die Berliner zu ihnen, um etwas zu kaufen und zugleich den neuesten Stadtklatsch zu hören.

Andere Erklärungen für den Brückennamen, in der Jungfrauen eine tragende Rolle spielen, gibt es noch:

Dem Vernehmen nach sollen weibliche Hausgeister lange vor Einführung der Kanalisation in Berlin diesen Spreelauf, insbesondere unter der Brücke, als Ausgussbecken benutzt haben. Um 1800 ist die Verunreinigung der Wasserläufe zwar ebenso wie das Rauchen auf den Straßen polizeilich verboten, aber laut zeitgenössischen Quellen sollen unter der Jungfernbrücke nicht wenige weibliche Bewohner der angrenzenden Straßen ihre Nachteimer entleert haben. So kippten die »Emmerweiber« (Eimerweiber) jährlich circa 200.000 Eimer Fäkalien in die Spree. Schon damals schwere Umweltvergehen, zumal Zeitgenossen berichteten, dass nicht allzu weit unterhalb der Brücke das Wasser für die Weißbierbrauereien geholt wurde ... Noch Anfang des 19. Jahrhunderts soll sich unter der Gertraudenbrücke ein mehrsitziger Abort befunden haben, damit Besucher der Stadt ihre Notdurft verrichten konnten.

Christian Fürchtegott Gellert hat in seiner Fabel »Der Bauer und sein Sohn« beschrieben, dass das Gehen über die Brücke eine Lügenprobe sein kann. Eine etwas anders geartete Probe könne auch, so sagen die Berliner, auf der Jungfernbrücke vollzogen werden. Wenn man nämlich über die Brücke geht und es knarrt, dann ist man noch Jungfrau. Andere wiederum lästern: Ginge wirklich einmal eine Jungfrau über die Brücke, würde sie krachend einstürzen. Sie steht aber schon über zweihundert Jahre … Probieren Sie es einfach aus!

Möglicherweise hat bei der Namensgebung das Cöllner Frauenhaus eine Rolle gespielt, das sich in der Spreegasse befand. Natürlich waren es keine Jungfrauen, die den Gesellen zu Diensten waren. Die ehrsamen Bürger im Mittelalter sahen es als eine segensreiche Einrichtung an, dienlich zur besseren Bewahrung der Ehe und der Ehre der wirklichen Jungfrauen. Denn die vielen Handwerksgesellen, die nach der strengen Zunftordnung keine Gewerbeerlaubnis bekommen konnten, mussten ehelos bleiben – und gingen daher zu den »Jungfern« in das Frauenhaus in der Spreegasse. Boshafte Zungen behaupten nun, dass die Brücke ihren Namen von jenem »Treiben« hätte.

Aber es gibt noch eine Erklärung, die in einem Sagenbuch aus dem Jahr 1845 unter der Überschrift »Das Zeugnis des Blinden« zu finden ist:

Im »Französischen Hof« lebte der alte, reiche Junggeselle Caspar Balthasar fromm und gottesfürchtig. Bald aber zog in das Haus der französische Goldschmied Renaud mit zwei lieblichen Töchtern, Louise und Eugenie, die dem Alten den Kopf verdrehten. Tatsächlich liebte Louise jedoch den Goldschmiedegesellen Gustav, mit dem sie gern tanzen gehen wollte. Gustav war zum Tanzen aber nicht aufgelegt; die Liebenden kehrten daher schmollend aus der Tabagie zurück, gerieten in Wortwechsel, und Gustav ließ Louise auf der Brücke einfach stehen. Caspar Balthasar hatte alles beobachtet, stürzte zu Louise und machte ihr Anträge, die sie energisch zurückwies. Der Alte erdrosselte die hübsche Louise und warf ihren Leichnam von der Brücke.

Ein in der Nähe wohnender Blinder hörte etwas in den Spreekanal plumpsen und fragte laut, was da los sei. Unvorstellbar, aber der Mörder antwortete: »Ach, ein Mauerstein hat sich beim Regen vom Dach losgelöst und ist ins Wasser gefallen.« Man fand später die tote Louise im Schleusenwehr; bei der Gerichtssitzung fiel der erste Verdacht auf Gustav, der sie zuletzt gesehen und sich im Streit entfernt hatte. Der Angeklagte beteuerte seine Unschuld und wurde dennoch zum Tode verurteilt.

Aber überzeugt waren die Richter von ihrem Urteil wohl nicht, denn plötzlich beantragte man, alle Nachbarn zu vernehmen, die die Ermordete gekannt hatten. Caspar Balthasar wurde als Zeuge vernommen, und vor Gericht sagte er verlegen aus: »Was ich von dem jungen Mann weiß, beschränkt sich darauf …« Da wurde er durch eine Stimme aus den hinteren Reihen des Gerichtssaals unterbrochen: »… dass nicht Gustav, sondern du der Mörder bist!« Es war der Blinde, der den Mörder an der Stimme wiedererkannt hatte.

Nun half kein Leugnen mehr. Caspar Balthasar wurde zum Tode verurteilt und hingerichtet. Gustav war gerettet. Erst um jene Zeit, so erzählt die Sage, erhielt die vorher namenlose Brücke ihre jetzige Bezeichnung.

Und was ist nun richtig? Finden Sie es heraus, gehen Sie über die Brücke, bestaunen Sie das Kunstwerk. Denn das größte Vergnügen ist es immer noch, gescheite Fragen zu stellen und Antworten zu suchen.

Nathan Veitel Heine Ephraim
Der königlich sanktionierte Münzbetrug.
Ab 1757

Dort, wo die Poststraße im Nikolaiviertel auf den Mühlendamm mündet, steht das Ephraim-Palais, häufig als »Berlins schönste Ecke« bezeichnet. An diesem Platz befand sich zu früherer Zeit eine Apotheke, die »Ratsapotheke« des Johann Zehender, dessen Grabstein in der Nikolaikirche besichtigt werden kann.

1762 wurde das Haus von Nathan Veitel Heine Ephraim (* 1703; † 1775) käuflich erworben. Ephraim war einer der einflussreichsten Berliner Bankiers. 1744 zum »Wirklichen Hofjuwelier« ernannt, zeichnete sich sein Geschäftsgebaren durch Skrupellosigkeit, Risikobereitschaft und wirtschaftliches Gespür aus, Eigenschaften, die dem in Rheinsberg aufwendig Hof haltenden Kronprinzen, dem späteren Friedrich II., sehr zupasskamen. Aus beider Zuneigung erwuchs eine »fruchtbare« Geschäftsverbindung, die des Kronprinzen finanzielle Bedürfnisse nicht unerheblich zufriedenstellte.

Von 1762 bis 1766 ließ Ephraim das Haus am Mühlendamm von Friedrich Wilhelm Dietrichs zu einem viergeschossigen Gebäude im Stil des Rokoko umbauen, das insbesondere wegen seiner abgerundeten Ecke, seiner toskanischen Doppelsäulen im Eingangsbereich, seiner schmiedeeisernen Balkone und von Vasen bekrönten Balustrade eines der eindrucksvollsten Häuser des damaligen Berlin wurde. Ob Ephraim in seinem Haus jemals selbst gewohnt hat, ist nicht eindeutig erwiesen. Teile des Palais hat er jedenfalls als Verkaufs- und Geschäftsräume vermietet.

Wenig schmeichelhaft fällt das Urteil von Zeitgenossen über ihn aus. 1760 schreibt Gotthold Ephraim Lessing, der zu dieser Zeit am Nikolaikirchhof 10 wohnt, an seinen Freund Moses Mendelssohn: »Was Ephraim übrigens anbelangt, so ist mir lieb, daß all die Gefälligkeiten, der er sich von mir versprechen kann, von der Art sind, daß ich niemanden dadurch schaden, auch mich selbst keiner Verantwortung dadurch aussetzen kann: doch werde ich darum nicht aufhören, auf meiner Hut zu sein.«

Schon als Kronprinz war Friedrich II. persönlich finanziell von Ephraim abhängig. Zudem musste er als König ab 1756 den Siebenjährigen Krieg finanzieren. Er verpachtete Ephraim die im Herbst 1757 eroberten sächsischen Münzstätten Dresden und Leipzig, später auch preußische Münzen für Gold und Silber. Daraus entwickelte sich eine systematisch betriebene, von Münzbetrug geprägte, königlich angestiftete und sanktionierte preußische Finanzpolitik, die im Wesentlichen durch zwei Begehungsweisen gekennzeichnet war.

Zum einen wurden die jährlich eingehenden Steuergelder eingeschmolzen und durch Hinzusetzen von Nichtedelmetallen zugunsten einer höheren Stückzahl mit vordatierten Stempeln zu den sogenannten Ephraimiten neu geprägt; zum anderen wurden falsche Münzen der Kriegsgegner hergestellt und in Umlauf gebracht. Wegen ihres erhöhten Kupferzusatzes erschienen die »Ephraimiten« mitunter etwas rötlicher, was der Volksmund als »wegen Betrugs hervorgerufene Schamröte« interpretierte.

Aus dem Münzbetrug soll Friedrich II. nach eigenen Angaben jährlich sieben Millionen Taler erlangt haben. Etwa ein Viertel der Kosten des Siebenjährigen Krieges wurde so durch obrigkeitlichen Münzbetrug aufgebracht. Welchen Gewinn Ephraim erzielen konnte, ist unbekannt. Jedenfalls hat es gereicht, um später in unterschiedlichste Gewerbe einzusteigen. Er beteiligte sich an Manufakturen und Fabriken und häufte ein riesiges Vermögen an.

Die Münzmanipulationen zwischen dem König und seinem jüdischen Münzpächter waren nie schriftlich vereinbart worden, und so richteten sich Zorn und Empörung der Nachwelt nahezu zwangsläufig nicht gegen den König, sondern gegen seinen »Juden«.

Ephraims musisch orientierter Sohn Benjamin vermochte die Geschäfte nicht im gewünschten Maße fortzusetzen. Er, der ein Anhänger der Französischen Revolution war, zeitweilig gar als französischer Spion verhaftet, später jedoch rehabilitiert wurde, musste Konkurs anmelden. Als er 1811 verstarb, ging der Rest des einst riesigen Vermögens der Ephraims an den Fiskus.

Im Zuge der Verbreiterung des Mühlendammes wurde das Palais im Jahre 1936 abgerissen, Fassadenteile und Schmuckornamente – insgesamt 2.493 – wurden geborgen und eingelagert.

Bei der Neugestaltung des Nikolaiviertels wurde auch das Ephraim-Palais etwa an authentischer Stelle, nur etwas erhöht und weitgehend originalgetreu, unter Verwendung alter Bauteile wieder aufgebaut. Das Museum Ephraim-Palais gehört heute wie das Märkische Museum zur Stiftung Stadtmuseum Berlin und bietet interessante Ausstellungen zur Kultur und Geschichte der Stadt.

Ephraim-Palais 1998
(Foto: Frank-Rainer Schurich)

James Boswell
Ein Schotte beim Polizeipräsidenten.
1764

Wie kommt ein Kriminalist aus Berlin-Mitte dazu, sich mit James Boswell zu beschäftigen, der in keinem Kriminalfall mitwirkte? Die Antwort ist einfach: Er liest einen Kriminalroman mit dem Titel *Der Weg durch Wytham Woods* von Colin Dexter. Darin tritt Boswell in einer kleinen Nebenrolle auf. Er erzählt einem Dr. Samuel Johnson, dass er vor langer Zeit einmal an einem prächtigen Tisch gesessen hätte, ohne einen einzigen Satz zu hören, an den zu erinnern sich lohne. Sein Gesprächspartner meinte daraufhin: »Eine solche Konversation ist selten.«

Und schon begann die Spurensuche, denn Boswell, aus dem schottischen Hochadel stammend, war als Vierundzwanzigjähriger im Jahr 1764 ein Wahlberliner, und zwar vom 5. Juli bis zum 19. September. Er wohnte zunächst im Gasthof *Zu den drei Lilien* in der Poststraße im Nikolaiviertel. Und es war vielleicht ein Berliner Erlebnis, das er Johnson schilderte.

Am 13. September, zum Ende seines Aufenthalts, hatte er der Königlichen Akademie in den oberen Räumen des Marstalls einen Besuch abgestattet. Er fand es komisch, dass unten die Pferde residierten und oben die klugen Köpfe. In seinem Tagebuch, erstmals 1928 in einem Privatdruck veröffentlicht, lesen wir: »Musis et mulis« (»Den Musen und Mauleseln [gewidmet]«). Die Tagung empfand er als langweilig und einer Akademie unwürdig. Man redete in einem erbärmlichen Latein, vermischt mit noch mangelhafterem Griechisch. Diskutiert wurde nicht, man ging einfach selbstzufrieden auseinander. »Eine kärgliche Angelegenheit«, so Boswell abschließend.

Die Berliner Aufzeichnungen sind in *Boswells Große Reise. Deutschland und die Schweiz 1764* mit vielen Anmerkungen von Fredrick A. Pottle, Professor an der Yale-Universität, vollständig abgedruckt. Eine Fundgrube für jeden Ermittler!

Wer war James Boswell? 1740 in Edinburgh als Sohn eines Richters am Obersten Tribunal geboren, studierte er auf Druck des Vaters Jurisprudenz in Glasgow, aber das Advokatenleben war nicht seine Profession. Er ging 1763 nach London und traf dort Dr. Samuel Johnson – für das Leben des jungen Juristen ganz entscheidend. Boswell verehrte den Essayisten, Lexikographen und Aufklärer Samuel Johnson (* 1709; † 1784), den stupend gebildeten, geistreichen Mann, der in seiner Person das enzyklopädische Bildungsstreben des Bürgertums verkörperte. Seit dem Jahr 1773 arbeitete Boswell in seinem literarischen Klub. Bei so viel Begeisterung war klar, dass er nach Johnsons Tod auch dessen Biografie schreiben musste, die 1791 in London in zwei Bänden erschien und eine schriftstellerische Sensation war: *The Life of Samuel Johnson*. Sie gilt noch heute als brillant. Boswell starb, nur fünfundfünfzigjährig, 1795 in London.

Seine Reise 1764 führte ihn durch Deutschland, die Schweiz, Italien und Korsika, er verkehrte mit den

Größen der Aufklärung wie Rousseau und Voltaire – und in der deutschen und europäischen Hofwelt. Er besuchte die Königin im Berliner Schloss Monbijou, aber sein größter Wunsch, dem König, der seit 1740 regierte, seine Aufwartung zu machen, erfüllte sich nicht. Er sah ihn mehrmals, auch in Potsdam, kleidete sich auffallend (unter anderem mit einer fremdländischen blauen Schottenmütze) und stolzierte damit auf der Parade vor dem Schloss auf und nieder, wo er abermals den König zu Gesicht bekam. Allein, dieser ließ den Blick nie in Boswells Richtung schweifen. Friedrich II. hatte es halt nicht so mit Schotten und Engländern.

James Boswells Wappen.
Das altfranzösische Motto »Vraye Foy« bedeutet »Wahrer Glauben«.

Fredrick A. Pottle kommentiert das so: »Dass es Boswell trotz aller Machenschaften nicht gelang, an Friedrich den Großen heranzukommen, war der große Fehlschlag seiner Europareise, vielleicht der schwerste gesellschaftliche Misserfolg seines Lebens überhaupt.«

Aber sonst ging es Boswell gut in Berlin. Nach fünf Tagen verließ er den Gasthof in der Poststraße und bezog standesgemäß Quartier bei der Familie von Karl David Kircheisen (* 1704; † 1770), den Friedrich II. am 16. Januar 1742 zum königlichen Polizeidirektor ernannt hatte, am 6. Dezember 1746 zusätzlich zum Stadtpräsidenten mit Weisungsbefugnis gegenüber dem Rathaus. Der König hatte so in der Personalunion mit der Polizeidirektion eines der höchsten Ämter innerhalb der Monarchie geschaffen. Der in Dresden geborene Kircheisen (Boswell: »ein gemütlicher Sachse«) drängte in seinem Amte städtischen Einfluss der Militärbehörden zurück und sorgte für eine enge Zusammenarbeit von Polizei und Justiz.

Boswell bezog jedenfalls »ein schönes Zimmer, bunt bemalt, mit Aussicht auf die Petrikirche«. Das Anwesen in der Scharren- oder Gertraudenstraße bezeichnete er als »Prachtbau«.

Kircheisen hatte eine reizende Tochter und einen »nicht unebenen Sohn«, Friedrich Leopold Kircheisen, damals fünfzehn Jahre alt. Boswell mochte Kircheisen junior, sie unternahmen viel gemeinsam. Aber der schottische Gast hielt ihn für nicht ganz ebenbürtig. So wandelten beide am 19. Juli Unter den Linden, abends schrieb Boswell in sein Tagebuch: »Er war zu keck, ich musste ihm einen Dämpfer aufsetzen.« Das hinderte Kircheisen junior aber nicht, später ein bedeutender Jurist zu werden. Er wurde 1798 in den Adelsstand erhoben und 1810 unter Staatskanzler Karl August von Hardenberg preußischer Justizminister. Er hatte sich schon bei der von Friedrich II. und dessen Minister Johann von Carmer 1780 eingeleiteten Justizreform in Preußen große Verdienste erworben, besonders bei der Ausarbeitung des »Allgemeinen Landrechts« und der Organisation des Rechtswesens.

Es waren durchaus viele Orte, die Boswell in Berlin aufsuchte. Das Herumstreunen fand er glamourös; er schwärmte geradezu von Berlin, zum Beispiel in einem Brief vom 23. Juli: »Es ist die prächtigste Stadt, die ich je gesehen. Sie liegt in einem schönen Flachland und hat wie London einen Fluss. Die Straßen sind breit und die Häuser ansehnlich.«

Und er traf viele Leute der besseren Gesellschaft – zufällig den italienischen Abenteuer und Schriftsteller Giacomo Casanova, der seit dem 7. Juli 1764 in der Stadt war. Boswell speiste wieder einmal im Gasthof in der Poststraße, als ein »Italiener namens Nehaus als großer Philosoph glänzen wollte und dementsprechend sein Vorhandensein und überhaupt alles in Zweifel zog. Ich hielt ihn für einen Hohlkopf.« Casanova, dessen Name in deutscher Übersetzung Ne(u)haus lautet, erhielt aber im Unterschied zu Boswell eine Audienz beim König in Sanssouci!

Boswell war als junger Mann natürlich auf erotische Abenteuer aus; sein »Talent zur Liebe«, wie er es nannte, konnte er ausleben. Er vergnügte sich mit einem Straßenmädchen und notierte danach: »Zeit-vertreib – kein großer Schade.« Am Abend des 15. Juli traf er auf der Straße eine »Schwarze Dirn – hatte keinen Kondom [und verzichtete deshalb].« Wie vor-bildlich. Eine Frau, die ihm in seinem Zimmer bei den Kircheisens um acht Uhr in der Frühe des 11. Septem-ber Schokolade feilbot, ging mit ihm ins Bett. Wegen ihrer Schwangerschaft notierte Boswell: »Oho, ein ge-nießbares Stück!« Nun ja.

Am Ende der Reise war Boswells Sympathie für die preußische Monarchie allerdings dahin, wenn er schreibt: »Dieser König wird gefürchtet wie ein böses Tier.« Der schottische Gast erlebte, wie Soldaten be-handelt wurden, seine Anschauungen vom Wert des Menschen wandelten sich, seit er in Berlin war. »Wenn man bedenkt, wie viele Prachtskerle ausgebildet wer-den, um sich abschlachten zu lassen, dann kommen einem die Menschen vor wie Heringe in einer ertrag-reichen Fangzeit. Was kümmern einen ein paar Tonnen Heringe, und auch auf ein paar Regimenter Menschen mehr oder weniger wird es nicht ankom-men, denkt man. Was gelte dann ich, ein einzelner?«

Am 4. September sah Boswell im Tiergarten ein preußisches Regiment exerzieren. »Die Soldaten schienen«, lesen wir im Tagebuch, »ganz verängstigt; für das kleinste Versehen wurden sie wie Hunde ge-prügelt. [...] Auch sah ich einen Ausreißer Spießruten laufen, zwölfmal die Gasse auf und nieder. Er war arg zerschunden. Es wurde mir bei dem Anblick ganz übel.« Laut »Ausgabenbuch«, das Boswell extra führte, gab er dem armen Kerl vier Groschen.

Die alte Welt ist verloren. Und die neue? Wenn James Boswell heute von einem prächtigen Tisch erzählen würde, an dem viel gesprochen, aber nichts gesagt wurde, was hätte Dr. Samuel Johnson wohl dazu gemeint? – »Das ist die übliche Konversation mit den Untertanen.«

Wilhelm Stieber
Der Maler schmierte Leute an.
1844

Am 4. Juni 1844 erhoben sich die Weber im Eulengebirge in der preußischen Provinz Schlesien gegen ihre Unterdrücker in Peterswaldau und Langenbielau. Kontore, Lager, Maschinen und Mobiliar der sie ausbeutenden Textilfabrikanten, die damals Verleger hießen, zerstörten die Aufständischen. Das Handelshaus E. F. Zwanziger und Söhne in Peterswaldau, wo alles begann, beschäftigte zum Beispiel Tausende Spinner, Spuler und Weber und zahlte so wenig Lohn, dass die Familien zu verhungern drohten. Das preußische Militär schlug am 6. Juni 1844 den Aufstand blutig nieder. Elf Menschen wurden erschossen, vierundzwanzig verletzt.

Die gerichtliche Untersuchung übernahm der Kriminalsenat des Oberlandesgerichts Breslau. Eine königliche Kabinettsorder forderte, »mit allem Fleiß … die Aufwiegler zu entdecken und zur Bestrafung zu ziehen«. In das Fadenkreuz der Ermittler gerieten der Fabrikant und Demokrat Schlöffel und der im Weberdistrikt lebende Schriftsteller Eduard Pelz.

Der Berliner Kriminalkommissar Wilhelm Stieber (* 1818; † 1882), ein gehorsamer Untertan und Willensvollstrecker der feudalen Reaktion in Preußen, ging 1845 als »Landschaftsmaler« Schmidt ins Hirschberger Tal, um Schlöffel und andere zu bespitzeln und verhaften zu lassen. Schlöffel, der vier Monate in

Untersuchungshaft gehalten wurde, konnten aber keine staatsfeindlichen Aktivitäten nachgewiesen werden. Pelz war vorsorglich inhaftiert und dann freigelassen worden. Alles Unrecht, für das Wilhelm Stieber maßgeblich die Verantwortung trug.

Der Breslauer Kriminalsenat kam zwar zu dem Schluss, dass als »aktenmäßig … nur konstatiert« werden könne, »die Härte der Handlung Zwanziger und Söhne in Peterswaldau« habe »die bedauerlichen Exzesse provoziert«. Aber achtzig Angeklagte befand das Gericht für schuldig, an der Erstürmung von Herrschaftshäusern und am Widerstand gegen das Militär teilgenommen zu haben. Insgesamt wurden zweihundertdrei Jahre Zuchthaus, neunzig Jahre Sträflingsarbeit auf Festungen und dreihundertdreißig Peitschenhiebe zugemessen. Der Anführer Franz Wurm war sogar zum Tode durch das Beil verurteilt worden, später jedoch begnadigt.

Wilhelm Stieber belohnte man hoch. Aufgrund seiner enormen Energie und Rücksichtslosigkeit sowie seines Bespitzelungseifers wurde er auf Weisung von König Friedrich Wilhelm IV. Polizei-Assessor und Leiter der Sicherheitspolizei in Preußen und später Chef des wilhelminischen Geheimdienstes. Mit großer Hingabe widmete sich Stieber der Aufgabe, die sozialistische Bewegung polizeilich zu erfassen.

Karl Marx lebte nach seiner Ausweisung aus Preußen in London. Mit seiner ersten radikalen Kritik der bürgerlich-kapitalistischen Gesellschaft (1848 *Manifest der Kommunistischen Partei* mit Friedrich Engels) und dem Aufruf, dass sich die Proletarier aller Länder vereinigen müssen, stand er an erster Stelle der zu bespitzelnden Klassengegner Preußens.

In der preußischen Gesandtschaft in London richtete Stieber ein regelrechtes Büro der Geheimpolizei ein. Er recherchierte bis 1852 eifrig in England, Frankreich und Deutschland gegen verdächtige Demokraten.

Beim Schauprozess vom 4. Oktober bis zum 12. November 1852 in Köln lieferte Stieber sein Paradestück. Unter seiner Regie verfälschte man Dokumente, nahm Einbrüche zur Sicherung von Beweisen vor und inszenierte Meineide. Die Staatsanwälte Saedt und von Seckendorff sowie Stieber selbst mussten im Hochverratsprozess die Fälschungen eingestehen. Trotzdem verurteilte das Gericht sieben der elf angeklagten Kommunisten. Nach Ende des Prozesses verlieh König Friedrich Wilhelm IV. den Staatsanwälten hohe Orden.

Gemeinsam mit Dr. jur. Carl Georg Ludwig Wermuth, dem königlich Hannoverschen Polizeidirektor, brachte Stieber in zwei Teilen »Die Communisten-Verschwörung des 19. Jahrhunderts« heraus (1853/54), »dies von zwei der elendesten Polizeilumpen unseres Jahrhunderts zusammengelogene, von absichtlichen Fälschungen strotzende Machwerk« (Friedrich Engels).

Der Polizeispion János Bangya hielt sich in London in »allerhöchstem Auftrag« von Februar 1852 bis Februar 1853 stets in unmittelbarer Umgebung von Marx auf. Der Spitzelbericht aus dem Jahr 1852 stammt vermutlich von ihm; darin diese Personalbeschreibung:

»Marx ist von mittlerer Statur; 34 Jahre alt; trotz seines bestens Alters werden seine Haare schon grau; seine Gestalt ist kräftig; seine Gesichtszüge mahnen sehr an Szmere [wohl ein ungarischer Bürger], nur ist sein Teint mehr braun; sein Haar und Bart ganz schwarz; letzteren rasiert er gar nicht; sein großes, durchdringend feuriges Auge hat etwas dämonisch Unheimliches; man sieht ihm übrigens auf den ersten Blick den Mann von Genie und Energie an; seine Geistesüberlegenheit übt eine unübersehbare Gewalt auf seine Umgebung aus.«

Diese Beschreibung bildete offenbar die Grundlage für Stiebers Signalement im Buch mit Wermuth, aus dem unverkennbar seine subjektive Meinung und sein Hass gegen Marx hervorgehen: »Alter: 35 Jahre. Größe: 5 Fuß 10–11 Zoll hannöversch Maß. Statur: untersetzt. Haare: schwarz, gelockt. Stirn: oval. Augenbrauen: schwarz. Augen: dunkelbraun, etwas blöde. Nase: dick. Mund: mittel. Bart: schwarz. Kinn: rund. Gesicht: ziemlich rund. Gesichtsfarbe: gesund. Spricht deutsch im rheinischen Dialect und französisch. Besondere Kennzeichen: a) erinnert in Sprache und Aeußerm etwas an seine jüdische Abkunft, b) ist schlau, kalt und entschlossen.«

Stiebers *Practisches Lehrbuch der Criminal-Polizei*, das 1860 bei A. W. Hayn in Berlin erschien, ist das erste eigenständige kriminalpolizeiliche Regelwerk in deutscher Sprache. Darin gab er, zweiundvierzigjährig, seine Erfahrungen auf kriminalpolizeilichem Gebiet preis, die aber vordringlich auf dem politischen Teil der Arbeit lagen. In dieser Schrift rechtfertigte er die scharf kritisierten Vorgehensweisen der preußischen Kriminalpolizei. Es war wohl seine Form der Auseinandersetzung, denn zum Zeitpunkt des Erscheinens gab es eine dramatische Zuspitzung. Die Angriffe gegen die Politische Polizei, die unter Stieber vielfach das Gesetz verletzte und willkürlich schnüffelte, wuchsen. Der Oberstaatsanwalt von Berlin Schwarck hatte von 1853 bis 1860 einen aussichtslosen Kampf gegen die Übergriffe und Rechtverletzungen geführt, begangen von höheren Polizeibeamten mit Unterstützung der Polizeipräsidenten Hinckeldey und von Zedlitz. Allein vom Juli 1855 bis zum Februar 1856 gab es dreihundertsiebenundachtzig Fälle willkürlicher und widerrechtlicher Freiheitsentziehungen, oft von Staatsanwälten und Richtern genehmigt.

Kriminalpolizeidirektor Stieber wurde 1860 von Schwarck angeklagt, vom Gericht freigesprochen, aber letzlich vom Dienst suspendiert. In dem Jahr also, in dem er sein Lehrbuch herausbrachte. »Somit ist das Werk und sein Erscheinen ein eigenes Paradoxon«, schrieb 1983 der bekannte Kriminalistikprofessor Armin Forker in seinem Nachwort zur Reprint-Ausgabe des Zentralantiquariats der DDR in Leipzig.

Auch in einem Prozess wegen Ermordung eines seiner Kinder sprach man Stieber mangels Beweisen frei. Von 1861 bis 1866 betrieb er privatpolizeiliche Geschäfte für König Wilhelm I. und den russischen Zaren Alexander II., um dann wieder, von Bismarck protegiert, zum Leiter der Geheimen Militärpolizei zu avancieren.

Heinrich Ludwig Tschech
Das Loch im Hut der Königin.
1844

Friedrich Wilhelm IV. (* 1795; † 1861), König von Preußen seit 1840, zum »Romantiker auf dem Thron« stilisiert und in Saus und Braus lebend, wird 1848, feige wie er war, vor der Märzrevolution kapitulieren.

Das Berliner Schloss gerät aber schon vier Jahre zuvor, genau am 26. Juli 1844, als Attentatsort in die Schlagzeilen. In einer Zeit heraufziehender politischer und wirtschaftlicher Spannungen will König Friedrich Wilhelm IV. am frühen Morgen dieses Tages mit seiner Gemahlin nach Schlesien aufbrechen, einer besonders gebeutelten Ecke seines Reiches. Zur Verabschiedung hat sich eine recht große Menge Schaulustiger auf dem Schlosshof eingefunden. König und Königin zeigen sich dem Volk und nehmen in der bereitstehenden Kutsche Platz. Da bricht ein Mann aus der Menge …

Der Schriftsteller und Diplomat Karl August Varnhagen von Ense notiert am 29. Juli 1844 in seinem Tagebuch: »Nicht auf dem Bahnhofe, sondern auf dem Schlosshofe, als eben der König und die Königin eingestiegen waren, geschah der Streich. Der Thäter ist ein abgesetzter Bürgermeister von – Storckow, glaub't ich zu hören. Er schoß aus einer Doppelpistole zwei Kugeln in den Wagen hinein, deren eine den Mantel des Königs durchbohrte …«

Eine Kugel blieb in der Rückwand der Kutsche stecken, die andere bohrte ein Loch in den riesigen Hut der Königin, ohne weiteren Schaden anzurichten. Der Mann wird sofort gefasst und in die Hausvogtei eingeliefert – in das im ehemaligen königlichen Jägerhof um 1750 eingerichtete Hofgefängnis. Noch heute erinnert der Name Hausvogteiplatz an diesen Arrestbau.

Der Schütze ist schnell identifiziert. Es ist, wie Varnhagen von Ense schon richtig vermutete, der ehemalige Bürgermeister des märkischen Städtchens Storkow, der damals fünfundfünfzigjährige Heinrich Ludwig Tschech.

Friedrich Wilhelm IV. überspielt den Vorfall zunächst recht gelassen und tut ihn gegenüber der aufgebrachten Menschenmenge als »dummen Spaß« ab. Trotzdem gehen Gerüchte in der Stadt um: Der König sei verletzt, vielleicht sogar schon tot, liege im Schloss Schönhausen (heute: Schloss Niederschönhausen) auf dem Totenbette. Öffentliche Aushänge müssen alle Vermutungen und Spekulationen dementieren.

Wer war der Attentäter? Tschech hatte einst in Breslau und in Frankfurt (Oder) Rechtswissenschaft studiert; Kommilitonen machten ihn mit den Schriften der französischen Aufklärer bekannt. So wurde die Parole der Französischen Revolution »Freiheit, Gleichheit, Brüderlichkeit« seine Lebensmaxime. Als Berliner »Lackierwarenfabrikant und späterer Beamter der Eichungs-Commission« war er 1832 Bürgermeister von Storkow geworden, dort aber wegen seines ausgeprägten Gerechtigkeitssinns, seines Drangs zur Beseitigung sozialer Missstände und seiner toleranten Lebensart zunehmend in Konflikt mit seinen hochgestellten Vorgesetzten und allmählich auch in Isolierung geraten. Mit Bildung des Kreises Beeskow-Storkow im Jahre 1836 verzichtete man auf seine weiteren Dienste.

Tschech fühlte sich ungerecht behandelt; seine Versuche, unter anderem mit Unterstützung Alexander von Humboldts und des Berliner Oberbürgermeisters Krausnick, wieder eine Anstellung zu erlangen, schlugen allesamt fehl. Auch persönliche Eingaben an den König konnten den sozialen Abstieg nicht verhindern.

Nach Ablehnung eines letzten Gesuchs an den König reiften in ihm im Jahre 1843 Attentatspläne. Tschech verfasste ein die Tat rechtfertigendes Bekennerschreiben, das dem König unter anderem vorwarf, »… schlecht zu regieren, die gegebenen Zusagen zu vergessen, dem Volke die Konstitution vorenthalten« zu haben.

Attentatsvorbereitende Übungen im Scheibenschießen auf Berliner Schießplätzen konnten jedoch das Fiasko vom 26. Juli 1844 nicht verhindern.

Nach mehrmonatigen Kriminaluntersuchungen wird Tschech, der fünfeinhalb Monate in der Hausvogtei einsaß, attestiert, »Werkzeug seiner eigenen, beklagenswerthen Verirrungen« zu sein. Der durchaus politische Hintergrund der Tat wird durch den damaligen Chef des Kriminalsenats des Kammergerichts, Adolf von Kleist, unter den Teppich gekehrt. Der

Attentäter wird im Namen Seiner Majestät zum Tode durch das Beil verurteilt.

Nach Varnhagen von Ense sagt Seine Majestät im Potsdamer Schloss bei sehr guter Laune, »der Kerl müßte billigerweise als einen Theil seiner Strafe alle die Adressen, Zuschriften und Gedichte lesen, die in Unzahl über seine That einliefen ...«

Tschech bereut jedenfalls seine Tat nicht, er bedauert nur, dass sie misslungen ist, dass sein Fanal keinen Widerhall gefunden hat. Seine Tochter, Elisabeth Tschech, darf ihn am 13. Dezember 1844 in der Hausvogtei sprechen und nimmt die Entscheidung des Königs voller Entsetzen entgegen. »Das darf nicht sein! Wir haben Freunde, es wird etwas getan für deine Sache, Vater!« Worte, die mehr aus ihrer Verzweiflung geboren sind und jedweder Wahrheit entbehren.

Der unglückliche Attentäter wird im Morgengrauen des 14. Dezember 1844 nach Spandau gebracht und dort mit dem Henkersbeil hingerichtet (die ursprüngliche Strafe des Räderns war gnädigerweise abgewandelt worden).

Weil Tschech keine »Reue« gezeigt hatte, hatte der König das Urteil nicht aufheben lassen, was ihm jedoch möglich gewesen wäre. Das brachte dem Monarchen das Missfallen der Berliner ein. Aus dem verhinderten Königsmörder wurde plötzlich ein Märtyrer: »... die Begnadigung hätte ihn vernichtet, die Hinrichtung giebt ihm Leben und Bedeutung« – so charakterisiert der Schriftsteller Karl August Varnhagen von Ense die Folgen des Sinneswandels.

Wie in den heutigen Zeiten funktionierte auch damals die Sippenhaft: Seine Tochter Elisabeth Tschech wurde wochenlang in der Hausvogtei gefangen gehalten und dann abgeschoben. Die Worte, die sie am Tag vor der Hinrichtung des Vaters in der Hausvogtei wählte, wurden als Eingeständnis einer großangelegten Verschwörung ausgelegt.

Kurz nach dem missglückten Attentat gingen Spottgedichte auf den König mit typischem Berliner Mutterwitz um. Unter dem Deckmantel eines moralisierenden Bänkelsänger-Tons wurden Hohn und Spott über den Landesfürsten in einem Lied ausgeschüttet, das in unterschiedlichen Textversionen kursierte. Keine Fassung des Liedes zieht das Attentat so ins Lächerliche wie diejenige der *Deutschen-Brüsseler-Zeitung* von 1847 mit den zugespitzt-sarkastischen Schlussversen:

Hatte je ein Mensch so 'n Pech
Wie der Bürgermeister Tschech,
Daß er diesen dicken Mann
Auf zwei Schritt nicht treffen kann.

Berühmt wurden die Bänkelsänger-Verse, die Karl August Varnhagen von Ense am 21. September 1844 seinem Tagebuch anvertraute:

War wohl je ein Mensch so frech
Wie der Königsmörder Tschech!
Denn er traf bei Einem Haar
Unser theures Königspaar!

Der abscheuliche Verräther,
Der verruchte Attenthäter,
Der da schoß mit frechem Muth
Unsre Königin durch den Hut.

Die Berliner sind über die Verurteilung des »armen Irren« empört und bedrückt. Bänkelsänger und nicht nur Schusterjungen besingen in einem revolutionären Spottlied das Ende der Königsherrschaft:

Ins Volk fiel's wie ein Donnerkeil,
daß Tschech mußt' fallen unterm Beil.
Der fromme König, auch so gut,
vergoß um nichts Märtyrerblut.
Im Opernhause kann man's sehn:
Der König, der muß flöten gehn!

Die Sympathisanten und Lobbyisten der Monarchie waren zutiefst empört über diese Verse, die eigentlich ja nur bewiesen, wie unbeliebt der König beim Volk geworden war und dass das Attentat geradezu Verhöhnung provozierte. Wie der spätere Historiograph des preußischen Staates, Heinrich von Treitschke, urteilte, zog dieser Hohn- und Spottgesang »das unheimliche Ereignis in den Schmutz der Gosse herab; seine hämischen Witze über das fromme Königspaar klangen fast, als ob der Bänkelsänger bedauerte, daß der verruchte Attentäter nicht besser getroffen hatte«.

Ja, das war die Stimme des Volkes, das sich nicht beeindrucken ließ und auf die Märzrevolution 1848 zusteuerte. Es kreierte sogar ein Tschech-Lied, das in der sozialdemokratischen Arbeiterbewegung in den 1870er Jahren gesungen wurde. Es stammt nachweislich aus der mündlichen Sangestradition nach dem Attentat von Heinrich Ludwig Tschech.

Herr und Frau Mücke
Der Mord auf der Jannowitzbrücke.
Um 1850

Berlin hat mit tausendsiebenhundert Brücken mehr als Venedig: historische und denkmalgeschützte, so die Jungfernbrücke von 1798. Die Jannowitzbrücke in Berlins Mitte ist keine Touristenattraktion und steht auf keiner Denkmalliste, aber Kenner der Kriminalgeschichte wissen sie zu schätzen. Die Brücke wurde nach Zerstörung im Zweiten Weltkrieg durch die DDR in den Jahren 1952 bis 1954 in ihrer heutigen schlichten Gestalt erbaut. Sie überquert an dieser Stelle die Spree und verbindet damit das nördlich gelegene

Die Jannowitzbrücke im Januar 2022
(Foto: Frank-Rainer Schurich)

Ostberliner Zentrum um den Alexanderplatz, das ehemalige Stralauer Viertel, mit dem heutigen Heinrich-Heine-Viertel im Süden, der früheren Luisenstadt.

Auf eine lange und wechselvolle Geschichte kann die Jannowitzbrücke dennoch zurückblicken. Die erste hölzerne Jochbrücke über die Spree errichtete 1822 der Baumwollfabrikant Christian August Jannowitz (* 1772; † 1839). Wirtschaft und Handel entwickelten sich prächtig an beiden Ufern der Spree; bis ins 19. Jahrhundert existierten zum Beispiel in Spreenähe große Holzmärkte, an die heute noch der Name Holzmarktstraße erinnert. Der Brückenschlag war in aller Munde und bewegte die Berliner, so dass in dieser Zeit sogar eine Berliner Sage mit selbstmörderischem Einschlag entstand:

»Der Kaufmann Jannowitz war arm und heiratete in einen Krämerladen in der Poststraße hinein. Um seine Waren besser transportieren und absetzen zu können, baute er eine Brücke über die Spree. Sein Geschäft ging gut vorwärts; aber die bedeutend ältere und hässliche Frau gefiel ihm nicht mehr. Er verliebte sich in eine junge hübsche Angestellte und wollte sich von seiner Frau scheiden lassen. Aus Gram darüber stürzte sich diese von der neuen Brücke in die Spree. Zum Andenken an dieses Unglück und zur ewigen Strafe für die Untreue des Kaufmanns wurde die Brücke Jannowitzbrücke genannt.« – Eine sogenannte Wandersage, die so oder so ähnlich von vielen Brücken erzählt wird und wohl auf den Brauch des Bauopfers zurückgehen mag. Belegt ist sie aber nicht.

Ganz in der Nähe der Jannowitzbrücke befand sich einst das Stralauer Tor, zuweilen ein grausamer Ort. Vor dem Tor wurden nämlich Todesstrafen vollstreckt. Frauen, die wegen »Kindesentledigung« schuldig geworden waren, steckte man in einen Sack und ertränkte sie in der Spree. So lesen wir in der *Wendland'schen Chronik von 1648 bis 1701* einen genauen Bericht: »Den 9. December [1678] ward ein Weibstück vorm Stralauer Thor ersäufet. Sie hatte sich von ihrer Schwester Mann beschlafen lassen und nachmals das Kind umgebracht [...] Den 6. May [1679] ward ein Weibstück, welche ein Kindt umgebracht, am Straloschen Thore ersäuft.«

Es gibt zudem Kunde, dass man vor dem Stralauer Tor Militärstraftäter hinrichtete: »Den 14. April [1697] war ein Furier [ein für Verpflegung, Futter und Unterkunft einer Einheit zuständiger Unteroffizier] von der Garde, welcher einen Soldaten in Ungarn entleibet, nachdem er Jahr und Tag gesessen, vor dem Straloschen Thore in der Paterey [Batterie] enthauptet. Er wolte ungern sterben, schützte auch öfters seine Unschuld vor, aber Alles vergebens. Ward begleitet von Herr Nageln.«

Gut zweihundert Jahre später kehrte das Grauen mit Macht zurück. Sowohl in der Spree als auch im Luisenstädtischen Kanal, der früher an der Schillingbrücke von der Spree abzweigte, wurden ab 1918 immer wieder Köpfe, Arme und Beine von Frauen aus dem Wasser geborgen. Da war die Gegend um die Jannowitzbrücke ein Fundort, wie es kriminalistisch heißt. Karl Großmann, genannt die »Bestie vom

Schlesischen Bahnhof«, hatte seine Opfer zerstückelt und die Leichenteile in den Fluss geworfen. Es ist nie genau geklärt worden, wie viele Frauen er tötete; man geht von circa zwanzig Opfern aus.

Der Berliner Serienmörder Karl Großmann lebte in der Langen Straße 88 und damit im gefährlichsten Viertel der Stadt. Zwischen Jahrhundertwende und Zweitem Weltkrieg war die Umgebung des Schlesischen Bahnhofs (heute: Ostbahnhof), nicht weit entfernt von der Jannowitzbrücke, zum Gebiet mit der höchsten Kriminalitätsrate in Berlin geworden. Die örtlichen Revierpolizisten konnten hier immer nur zu zweit auf Streife gehen, die Einwohner standen ihnen in feindlicher Aggressivität gegenüber. Die eigentliche Ordnungsmacht dieses Gebiets waren »Unterwelt-organisationen« wie der Ringverein »Immertreu«. Deshalb markierte die Jannowitzbrücke die Grenze zwischen dem gesitteten Berlin und diesem berüchtigten Viertel.

»Der Berliner weiß vom Osten«, schrieb der Gerichtsreporter »Inquit« alias Moritz Goldstein am 8. Februar 1929 in der *Vossischen Zeitung*, »dass bis zur Jannowitzbrücke etwa das Berlin reicht, das wir kennen und in dem wir leben. Dahinter beginnt eine fremde Stadt, es beginnt das, was der Bürger mit Gruseln als Unterwelt bezeichnet und sich von seiner Welt zunächst nur durch seine unentrinnbare Trostlosigkeit unterscheidet.«

Dort, wo früher das Stralauer Tor stand, befindet sich heute unter der Anschrift Littenstraße 109 ein kolossaler, viergeschossiger Bau mit einem Mansarddach – das ehemalige Verwaltungsgebäude der Berliner Gaswerke AG (GASAG), 1906 bis 1909 von Ludwig Hoffmann erbaut. Auch von diesem Ort gibt es Kriminelles zu berichten. Die berühmt-berüchtigte Gladow-Bande der Nachkriegszeit plante im Mai 1949, die Kasse der GASAG in Ostberlin zu überfallen. Ein schnelles Auto musste besorgt werden, und man wollte sich in der Straße Unter den Linden einen schweren BMW der Deutschen Wirtschaftskommission beschaffen. Der Plan ging aber nicht auf, denn der Chauffeur des BMW, Eduard Alte, schrie angesichts der vielen Passanten um Hilfe, nachdem er brutal aus seinem Fahrzeug gerissen und auf die Straße geworfen wurde. Werner Gladow schoss sofort auf ihn und traf tödlich. Die Bande musste sich eilig zurückziehen – und der Überfall auf die GASAG-Kasse abgeblasen werden.

Bleibt abschließend die Frage: Gab es denn keinen Mord auf der Jannowitzbrücke? Mit Sicherheit, aber die Aufklärungsarbeit gestaltet sich schwierig. Selbst die »Zentralkartei für Mordsachen und Lehrmittelsammlung«, vom berühmten Berliner Kriminalkommissar Ernst Gennat aufgebaut, kann nicht weiterhelfen, nur ein Selbstmord ist ausgewiesen: Am 7. April 1944 sprang eine Frau Else B., 1908 geboren in Hohenschönhausen bei Berlin, von der Jannowitzbrücke; die Leiche konnte erst am 25. April 1944 aus der Spree geborgen werden.

Das Ziel des im Januar 1926 als Leiter der von ihm geschaffenen »Mordinspektion« im Berliner Polizeipräsidium berufenen Gennat war es, Material über Kapitalverbrechen zu erfassen und für die alltägliche

Arbeit der Mordermittler auszuwerten. Nach Gennats Tod ist die Sammlung bis Ende des Zweiten Weltkriegs weitergeführt worden. Die Zentralkartei und die dazugehörigen 2.442 Akteneinheiten befinden sich heute im Bestand des Landesarchivs Berlin, auch ein Ordner zum Fall Großmann mit einer vierundzwanzigseitigen Kopie seines handgeschriebenen Lebenslaufs.

Wenn wir schon im Archiv nicht fündig werden, überliefert ist ein Berliner Spottgedicht über den vermeintlichen Mord auf der Jannowitzbrücke:

Herr und Frau Mücke
gingen über die Jannowitzbrücke.
Da kam eine Mücke
und stach Frau Mücke ins Genicke.
Da nahm Herr Mücke die Krücke
und schlug der Mücke ins Genicke.
Das war der Mord auf der Jannowitzbrücke.

Es ist aber auch noch eine Steigerung möglich:

Herr Mücke und Frau Mücke
trafen sich auf der Jannowitzbrücke,
da nahm Herr Mücke die Krücke
und schlug Frau Mücke in tausend Stücke.
Das war der Mord auf der Jannowitzbrücke.

Karl Großmann
Die Bestie vom Schlesischen Bahnhof.
1921

Mordhäusern ist oft ein trauriges Schicksal zuteil geworden. Entweder wollte dort niemand mehr wohnen,
oder sie wurden einfach abgetragen, weil Touristen
massenhaft Steine als Souvenirs mitnahmen, Nach-
bewohner Stimmen hörten und hologrammartige
Körper an der Wand sahen. In der heutigen Bartle
Road in London gibt es, obwohl die Straße nach den
schrecklichen Morden zweimal umbenannt wurde und
sogar völlig neu entstand, zwischen den Neubauten
Nummer 9 und 11 keine Nummer 10 mehr: Nur eine
Brache erinnert uns noch an das Unglückshaus, in
dem der Serienmörder John Reginald Christie acht
Menschen tötete.

Auch bringen vorsätzliche Tötungen Fetischisten
der besonderen Art hervor. So wurde der Holzapfel-
baum in Somerset, New Jersey, an dem am 14. September 1922 Reverend Edward Wheeler Hall und die
Chorsängerin Eleanor Reinhardt Mills ermordet worden waren, bis auf die letzte Wurzel von Andenken-
jägern Tausende von Meilen verschleppt; schließlich
kam die ganze Erde abhanden. Aber in London zum
Beispiel gibt es, anders als in Berlin, Gedenktafeln für
Mordtaten. Beispielsweise an der Schenke *Magdala
Tavern*, an der eine Ruth Ellis den David Blakely
erschoss. Die Mörderin wurde als letzte Frau Groß-
britanniens gehängt. Und was erstaunlich ist: Durch

zahllose Finger sind die Einschusslöcher am Haus blankgewetzt. Kriminalgeschichte zum Anfassen!

Das ist in der Langen Straße in Berlin-Friedrichshain nicht so. Vor ihrer totalen Zerstörung im Zweiten Weltkrieg verlief sie durchgehend zwischen Kraut- straße und Fruchtstraße (heute: Straße der Pariser Kommune) in der Nähe des Schlesischen Bahnhofs, heute des Ostbahnhofs. Früher war sie eine normale Straßenzeile mit Mietskasernen, Seitenflügeln und Quergebäuden, beidseitig bebaut. Im letzten Krieg völlig zerbombt, finden wir heute einen der längsten Neubaublöcke Ostberlins. Vor und hinter dem Koloss verlaufen parallel zum Block Straßen, die auf beiden Seiten »Lange Straße« heißen. Nichts, aber auch gar nichts erinnert uns hier an einen grausamen Serien- mörder. Karl Großmann wohnte in der Langen Straße 88, 4. Stock des Quergebäudes. Das damals stark ver- wahrloste Haus befand sich auf der nördlichen Seite der Straße, dort wo der Neubaublock steht, fast genau in der Mitte zwischen Andreasstraße und Krautstraße (heute: Aufgang Nummer 83).

Der Kriminalautor Franz von Schmidt (* 1895; † 1960) beschrieb Großmann so: Die Kriminalsekre- täre »standen bei einem scheußlich schmierigen, alten Mann, der mich giftig aus tiefliegenden, starren, klei- nen Augen anstierte, als ich stutzte, weil er einen so umwerfend ekelhaften und erschreckenden Eindruck machte. Sein Oberschädel war übergroß, die Nase spitz und gebogen; in den tief eingekerbten Gesichtszügen lag eine Verkniffenheit, dazu eine grinsende Bösartig- keit, wie ich sie nicht wieder gesehen habe.«

In der Nacht vom 21. zum 22. August 1921, also vor über hundert Jahren, hatte sich der Arbeiter Mannheim Itzig auf der Polizeiwache in der Andreasstraße 62 gemeldet und ausgesagt, dass aus der Wohnung des Nachbarn, des Händlers Großmann, Geschrei, Wimmern und Stöhnen zu hören sei. Darauf begaben sich zwei Beamte in die Lange Straße 88 und klopften an die bezeichnete Tür. »Ich schlafe schon, kommt morgen wieder!«, rief Großmann ihnen von innen zu. Die Beamten öffneten die Tür mit Gewalt. Im Schein einer trübbrennenden Petroleumlampe sahen sie den neunundfünfzigjährigen Großmann völlig nackt und am ganzen Körper mit Blut beschmiert quer durch die Stube zu einem Schränkchen laufen, aus dem er eine henkellose Tasse nahm. Bevor er die Tasse, die Kaffee mit Zyankali enthielt, aber an den Mund setzen konnte, entriss sie ihm einer der Polizisten. Großmann lief daraufhin zu dem gleich neben der Tür stehenden Bett und hockte sich darauf nieder. Unter der schmuddeligen Decke bemerkten die Beamten einen merkwürdigen Buckel. Großmann konnte nur mit Gewalt vom Bett entfernt werden. Unter der Decke entdeckten die beiden Polizisten eine an das Bettgestell gefesselte, blutüberströmte Frau, die mit schwersten Verletzungen am Kopf und an den Genitalien starb, bevor die Beamten die Fesseln lösen konnten.

Es war von Anfang an klar, dass ein Sadist ersten Grades festgenommen war: die lange gesuchte »Bestie vom Schlesischen Bahnhof«. Bei der Durchsuchung der Wohnung Großmanns wurden neben Frauenkleidern ein blutiger Sack, eine Bank mit zahlreichen

Einschnitten und Spuren menschlichen Gewebes und Blutes, im Kochherd Überreste zweier menschlicher Hände und eines Brustkorbes gefunden – und ein Vogelbauer mit dem Zeisig »Hänschen«. Und es wurde schnell deutlich, dass Großmann, Schlachtergehilfe im Nebenjob, seine Opfer hier fachgerecht zerlegt und die Körperteile mit dem aufgefundenen Sack zur Schillingbrücke oder zum Luisenstädtischen Kanal transportiert hatte. Sowohl in der Spree als auch im Kanal wurden ab 1918 immer wieder Leichenteile gefunden – Köpfe, Arme und Beine. Körperteile fand man auch in Parkanlagen und Abfallbehältern.

Großmann war der Polizei kein Unbekannter. Bis zu seiner Verhaftung im August 1921 hatte er siebenundzwanzig Gefängnis- und Zuchthausstrafen verbüßt; er war wegen Sodomie, Sexualverbrechen an Kindern und wegen zahlreicher anderer Delikte vorbestraft. Wenig bekannt ist, dass die Polizei im Jahre 1914 schon einmal, ebenfalls von einem Nachbarn alarmiert, ein um Hilfe schreiendes fünfzehnjähriges Mädchen aus Großmanns damaliger Wohnung geholt hatte, sich aber mit der Erklärung zufriedengab, er habe dem Mädchen Kleider seiner verstorbenen Frau schenken wollen und nur gesagt, sie möchte sich bitte umziehen und die schönen Sachen anprobieren – das Mädchen habe ihn missverstanden. Die Polizei prüfte nicht einmal, ob die Kleider von Großmanns Frau stammten – er war nie verheiratet gewesen –, und machte sich so zum Komplizen eines Serienmörders. Wäre damals schon sachgerecht ermittelt worden, hätten viele Morde verhindert werden können.

In gewissem Sinne war auch die Justiz ein Komplize Großmanns, die die Gesellschaft nicht vor ihm schützen konnte. Der bekannte Kriminalist und Leiter der Berliner Mordkommission Ernst Gennat nannte das gewöhnlich »behördliche Hilfe bei Mord«, »denn die moralische Mitschuld an den zahllosen Morden Großmanns trägt die Justiz, die diese unverbesserliche Bestie immer wieder auf andere Menschen, die zu schützen sie bestellt war, losließ«. So formulierte es der schon genannte Franz von Schmidt. Es ist nie genau geklärt worden, wie viele Frauen Großmann wirklich tötete. Die Staatsanwaltschaft begnügte sich mit der Anklage in den drei restlos erwiesenen Fällen, in denen auch Geständnisse des Mörders vorlagen, und verhinderte so weitere kriminalistische Recherchen. Man geht von circa zwanzig Opfern aus.

Am 1. Juli 1922 begann vor dem Schwurgericht I des Landgerichts Berlin in Moabit die Verhandlung. Zahlreiche Frauen, Prostituierte, ehemalige »Wirtschafterinnen« und arbeitsuchende Mädchen aus der Provinz, die Großmann in seine Wohnung lockte, berichteten von seinen sadistischen Sexualpraktiken. Der Mörder bemühte jedoch den Henker nicht. Zwischen zwei Verhandlungstagen, am 5. Juli 1922, erhängte sich Großmann mit einem Handtuch an dem Riegel der Zellentür, der eigentlich zum Aufhängen von Besen und Müllschippe diente. Sein Zeisig »Hänschen« wurde die Attraktion der Gefängnisaufnahmestelle und überlebte seinen Herren um zwei Jahre.

Nach Großmanns Freitod rankten sich viele Legenden um den multiplen Mörder. Sicher scheint zu sein, dass er mit den Kleidern seiner Opfer einen Handel trieb; auch Nachbar Itzig, der ja die Polizei alarmiert hatte, stand im Verdacht, für Großmann Bekleidungsstücke verscherbelt zu haben. Aber dass Großmann auch das Fleisch seiner Opfer »verwurstete« und zu Buletten verarbeitete, wie oft behauptet wird, ist nicht bewiesen.

In der Langen Straße gibt es keine Gedenktafel für die Opfer von Karl Großmann, auch wird dort kaum jemand Stimmen hören oder hologrammartige Bilder an der Wand sehen. Der Kriminalfall ist vergessen. Eine Bewohnerin aus Aufgang Nummer 83, die kürzlich von einem rbb-Reporter gefragt wurde, was sie dazu sagt, dass hier einmal der Serienmörder Großmann blutig mordete, antwortete nach kurzem Überlegen: »Das ist doch Vergangenheit. Heute, heute ermitteln Sie mal die ganzen Mörder und Kriminellen!«

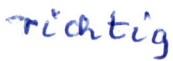

Charlotte Jünemann
Die Kindermörderin.
1935

Dass Otto Jünemann bei seiner Schwägerin Charlotte Jünemann in der Weinstraße 27 am Berliner Friedrichshain nach dem Rechten sehen wollte, hatte verschiedene Gründe. Einmal waren sie zerstritten, weil er ihr vor Weihnachten 1934 wegen ihres Lebenswandels heftige Vorhaltungen machte. Ende Januar erfuhr er dann aber noch Schlimmeres, dass sich nämlich Charlotte in Kneipen herumtreibe und ihren Ehemann, der sich in der Anstalt Herzberge befand, auch nicht mehr besuche. Der Schwager nahm an, dass die Kinder schon längst im Heim waren, wie es ihm eine Fürsorgerin einmal in Aussicht gestellt hatte. Aber er wollte am 3. Februar 1935 noch einmal nachsehen, nachdem er die Tage zuvor zweimal dort war. Sohn Bernhard antwortete nur, die Mutter sei in der Küche. Aber Otto Jünemann wurde nicht hineingelassen.

Vom Hofe sah er nun an diesem 3. Februar durch ein geschlossenes Fenster der Kellerwohnung und bemerkte das älteste Kind Bernhard (dreieinhalb Jahre), das umhertaumelte. Otto Jünemann schlug das Fenster ein und stieg in die Wohnung. Bernhard kam ihm mit schlotternden Beinen entgegen, die beiden anderen Kinder, Inge (vier Monate) und Wolfgang (eindreiviertel Jahre), fand er nur noch tot in ihren Betten. Bernhard starb ein paar Tage später im Krankenhaus Friedrichshain, das zu dieser Zeit »Horst-Wessel-Krankenhaus« hieß.

Die Wohnung befand sich in einem verwahrlosten Zustand. Die Betten der Kinder waren unbezogen und beschmutzt, die Unterlagen der beiden kleinen Kinder waren von vertrocknetem Kot und Urin überhäuft. Überall nur Dreck, Unrat und Schimmel. Auch ein mit vertrocknetem Kot über die Hälfte gefülltes Nachtgeschirr stand in der Küche. In der Wohnung war es eiskalt.

Die Gerichtsmediziner stellten Tod durch Verhungern und Verdursten fest. Nun wurde nach Charlotte gefahndet, aber sie stellte sich am 5. Februar beim für ihre Wohnung zuständigen Polizeirevier. Sie hatte ein Verhältnis mit einem vier Jahre jüngeren Mann, bei

Charlotte Jünemann vor dem Berliner Schwurgericht
(Bildquelle: Berliner Morgenpost. Abdruck mit freundlicher
Genehmigung des Verlages Kirchschlager, Arnstadt)

dem sie übernachtete. Seine Mutter schlief in dem einen Zimmer, während sich Charlotte und ihr Liebhaber vergnügten. Die Kinder waren ihr egal. Die Stütze von der »Nationalsozialistischen Volkswohlfahrt« (NSV) brauchte sie großzügig für ihre Kneipenvergnügungen und für ihren Freund auf.

Die Nazi-Presse überschlug sich während des Ermittlungsverfahrens gegen Charlotte Jünemann und der Verhandlungen des Schwurgerichts II beim Landgericht Berlin vom 26. bis zum 30. März 1935. In der Vernehmung am 6. Februar 1935 wurde sie gefragt, ob sie nicht ein Verhältnis mit einem »Neger« hatte. Ihre Antwort war: »Nein. Am 31. Januar 1935, als ich mir die fraglichen Karten von der NSV abholen wollte, rutschte ich durch die Glätte auf der Straße kurz vor der NSV, Georgenkirchstraße, aus. Der mir bis dahin unbekannte Schwarze fing mich auf, so dass ich nicht zu Fall kam.«

Am 26. März 1935, also während des Prozesses, erschien in der Gauzeitung der Berliner NSDAP *Der Angriff* unter der Überschrift »Neger als ›Beschützer‹« die folgende Notiz: »Über die moralischen Qualitäten der J. unterrichtet auch folgender Vorfall: am 31. Januar holte sie sich Lebensmittel von der NSV. Hier machte sie die Bekanntschaft eines neuen ›Beschützers‹, eines Negers, der in Berliner Varietés als Feuerfresser auftrat, jedoch damals ohne Arbeit war. Mit diesem Neger suchte sie eine Gastwirtschaft auf und später, wie ein Zeuge beobachtet haben will, auch ihre Wohnung.« Dieser Zeuge hatte, wie sich später herausstellte, gelogen, aber dass Charlotte Jünemann mit einem »Neger« geschlechtlich verkehrt haben soll, passte natürlich gut in das damalige rassistische Weltbild und zur moralischen Vorverurteilung der Kindesmörderin.

Sogar der berühmte und erfolgreiche Kommissar Ernst Gennat, den die Kollegen wegen seiner Leibesfülle »Buddha der Kriminalisten« nannten und der heute einfach nur »Der Kommissar vom Alexanderplatz« ist, vernahm Charlotte Jünemann am 7. Februar 1935.

Nach dem Auffinden der Kinder und der Verhaftung von Charlotte Jünemann war der Berliner Kindesmord durch Presseveröffentlichungen in ganz Deutschland in aller Munde. So verwundert es nicht, dass aus dem Schwabenland ein anonymes Schreiben vom 7. Februar 1935 beim »Polizeiamt« in Berlin eintraf mit folgendem Wortlaut: »Möchte Sie nur bitten, des Weibsbild, des ihre drei Kinder hot verhungern lasse, nicht mehr lebendig raus zu lassen aus dem Zuchthaus; dieses Luder ghört aufbloßet u. verhopst oder aufknüpft. Wen ich in Berlin wär, ich dät dera Dinge alle Hoor rausreißa, am genze Ranza rum. J hau doch au 7 Kinder aufzoga, u. mir hot kein Teufel ebbes geba derzu, da mals hats noch kein Winterhilf geba. Eine Frau vom Schwobaländle.« – Ein Brief, der im Landesarchiv Berlin aufgehoben ist, und zwar in der Gennat'schen »Zentralkartei für Mordsachen und Lehrmittelsammlung«.

Charlotte Jünemann wurde wegen Mordes zum Tode verurteilt. »Da die Familie die kleinste Zelle der Volksgemeinschaft bildet«, heißt es im Urteil, »hat die

Angeklagte auch lebenswichtige Interessen der Volksgemeinschaft verletzt. Wer sich wie die Angeklagte gegen die Volksgemeinschaft versündigt, handelt ehrlos.«

Der 2. Strafsenat des Reichsgerichts in Leipzig entschied ebenfalls gegen die dreifache Kindesmörderin. Charlotte Jünemann machte in dieser Verhandlung mit der Revision geltend, dass nicht vorsätzlicher und mit Überlegung begangener Mord, sondern eine reine Triebhandlung vorliege, weshalb sie nicht zum Tode verurteilt werden könne. Dieser Argumentation folgte das Gericht nicht, wodurch das Todesurteil Bestand hatte. Hitler lehnte ihr Gnadengesuch ab. Im Morgengrauen des 27. August 1935 wurde Charlotte Jünemann durch Scharfrichter Gröpler aus Magdeburg auf dem Hof des Strafgefängnisses Berlin-Plötzensee

ODF-Gedenkstein
(Foto: Wolfgang Brauer, 2021)

geköpft. Danach beförderte Gröpler den Berliner Raubmörder Willy Gehrke vom Leben zum Tode.

Willy Gehrke und Charlotte Jünemann wurden auf dem Parkfriedhof in Berlin-Marzahn als »NS-Opfer« beerdigt. Auf dem Gedenkstein für die Opfer des Faschismus (ODF) lesen wir: »46 Menschen starben damit wir leben.«

Gedenktafeln für Charlotte Jünemann und Willy Gehrke
(Fotos: Wolfgang Brauer, 2021)

Nachkriegskriminelle
Lappel wurde überfahren.
1945, 1946 und 1947

Bertolt Brecht schrieb 1948 in sein »Arbeitsjournal«: »berlin, eine radierung churchills nach einer idee hitlers. berlin, der schutthaufen bei potsdam …« Nach dem Krieg erwachte in diesem riesigen Schutthaufen das Leben neu, wurde angefangen aufzuräumen, zu ordnen und zu gestalten. Häuser, die der Krieg stark in Mitleidenschaft gezogen hatte, stürzten ein, die Menschen hungerten. Und auch das Verbrechertum schlief nicht. Der »Tätigkeitsbericht der Polizeiinspektionen vom Mai 1945 bis Dezember 1947« gibt uns einen Einblick in die wirren Nachkriegsgeschehnisse.

So wurde am 30. Mai 1946 der kleine Bunker im Friedrichshain gesprengt. Der zweite Versuch gegen 18.20 Uhr, mit dem hauptsächlich Kriegsgerät vernichtet werden sollte, hatte eine ungeahnte Wirkung. Eine Granate, die sich noch in einem Geschützrohr befand, wurde bis zur Straße am Friedrichshain geschleudert, wo sie explodierte. Sieben Menschen wurden verletzt. Ein Ereignis, das natürlich eine Polizeimeldung wert war. Sechs Tage zuvor ging in der Blücherkaserne der Polizei eine Zehn-Zentner-Mine hoch. Ein Arbeiter der eingesetzten Sprengstofflagerfirma, »der mit dem Aufmeißeln der Mine beschäftigt war« (!), verunglückte dabei tödlich.

Der schlechte bauliche Zustand vieler Häuser führte häufig zu Schadensereignissen. So stürzte am

Ein Aufstieg zum Kleinen Bunkerberg im Friedrichshain
(Foto: Harald Bröer, Januar 2022)

22. Mai 1946 in der Freiligrathstraße 7 in Kreuzberg das Wartezimmer eines Arztes ein, wobei eine Person getötet wurde. Für einen Maurer kam ebenfalls jede Hilfe zu spät. Er wurde am 16. Mai 1947 tot in seiner Wohnung in der Kleinen Alexanderstraße 17 in Mitte gefunden. »Der hinzugezogene Arzt stellte Tod durch Verhungern fest. Die Leiche wurde vom Sozialamt abgeholt, Angehörige nicht vorhanden …«

Dass am 4. August 1947 unbekannte Jugendliche, die nicht an Auszehrung sterben wollten, bei der Firma JAPOL-Chemie in Neukölln eingebrochen waren und Schlämmkreide entwendeten, hatte ein folgenschweres polizeiliches Nachspiel. Das Diebesgut mit dem süßlichen Geschmack wurde von den findigen Hungerköchen als Brotaufstrich und als feinste Suppengrundlage vertrieben, so dass die Bewohner dieser Gegend im wahrsten Sinne des Wortes auf den Geschmack gekommen waren: Zwei Tage später versammelten sich circa hundert Personen vor der Firma, um etwas Schlämmkreide nachzutanken. »Die Menge wurde durch Einsatz des Überfallkommandos zerstreut«, heißt es dazu lakonisch im Polizeibericht.

Während die Masse darbte, schlugen sich Schwarzhändler und Schieber die Bäuche voll. Fahndungserfolge, Durchsuchungen und Razzien spiegeln in den Tätigkeitsberichten der Polizeiinspektionen den schier aussichtslosen Kampf der Beamten gegen die Nutznießer des Elends wider. Eine als »Eheanbahnungsinstitut« getarnte Schwarzhandelszentrale wurde im September 1945 in der Uhlandstraße 46 in Wilmersdorf ausgehoben. In Rudow tappten professionelle Schwarzschlächter im Mai 1946 in die Falle der Kriminalisten: »Die beiden geschlachteten Ochsen im Gewicht von 10 Zentnern wurden beschlagnahmt und dem Ernährungsamt in Neukölln übergeben.« – Gewichtige Beweismittel, die nicht in der Aktentasche transportiert werden konnten.

Durch eine Großrazzia am 8. Mai 1946 auf dem sogenannten Tauschmarkt Frankfurter Allee, bei der siebentausendfünfhundert Personen, vor allem Frauen, kontrolliert wurden, konnte eine größere Menge Schwarzhandelsware sichergestellt werden. Ein Schnellgericht wurde neben dem Markplatz unverzüglich eingerichtet, um die Missetäter*innen an Ort und Stelle abzustrafen. Einen Monat darauf ist dieses schon eine ständige Institution: Am 26. Juni 1946 werden hundertzweiundzwanzig Personen festgenommen; fünfzehn werden sofort zu Geldstrafen zwischen 100 und 1.200 Reichsmark abgeurteilt; sechs zu Haftstrafen zwischen zwei Wochen und einem Monat.

Eine Fleischerfrau aus Mariendorf, deren Schlächterei im Mai 1946 wegen umfangreicher Schiebereien bereits geschlossen wurde, »besaß sogar die Frechheit, sich beim Bezirksamt Tempelhof und beim Polizeipräsidenten zu beschweren, weil sie sich angeblich nicht mal eine Suppe kochen könne«. Aber die Denunzianten arbeiteten zuverlässig: In Wirklichkeit lebe sie heute noch als »Prasser«, denn letzten Sonntag habe sie »drei große Bleche Kuchen und fünf Torten bester Friedensqualität« gebacken.

Weil alles knapp war, blühte auch der Betrug. Eine Ärztin aus Charlottenburg handelte, schwarz versteht sich, mit gefälschtem Penicillin. Man beschlagnahmte am 8. Mai 1946 noch tausend Ampullen Traubenzucker, die mit dem Etikett »Penicillin« versehen waren. Sie gab zu, bereits zehn Ampullen über Mittelsmänner an einen russischen Arzt verkauft zu haben – für schlappe 51.000 Reichsmark!

Lebensmittelkartenfälscher hatten Hochkonjunktur. Buchdrucker, Schriftsetzer und andere Typographen wetteiferten um die schönste Fälschung. Die Falsifikate wurden entweder direkt verkauft oder die darauf bezogenen Waren mit Schwarzmarktpreis weiterveräußert. Wie auch immer, ein lohnendes Geschäft. Wer nicht über die notwendigen Kenntnisse verfügte, musste sich die begehrten Karten durch schnöden Diebstahl beschaffen. Ein Einbruch am 3. Juni 1946 in die Kartenstelle III im Bezirk Neukölln brachte fette Beute: neununddreißig Schwerarbeiterkarten, zweihundertzehn Arbeiterkarten, sieben Kinderkarten, zwei Angestelltenkarten und siebzig Kartoffelkarten, dazu noch als Zugabe 20.000 Reichsmark in bar. Die Freude der Einbrecher währte aber nicht lange: Sie wurden kurz nach der Tat verhaftet.

Auch Polizisten waren und sind nur Menschen. Die schwarzen Schafe der Branche führten private Hausdurchsuchungen durch und »beschlagnahmten« in großen Mengen Lebensmittel und Bargeld – bei einem Friseur in der Kaiser-Friedrich-Straße in Charlottenburg am 20. April 1946 12.000 Reichsmark. Wer nicht so clever war, machte anderweitig dunkle Geschäfte. Am 18. Mai 1946 wurde ein siebenundvierzigjähriger Polizeianwärter verhaftet; bei seiner Festnahme führte er fünfzehn Pfund Käse und zweiundfünfzig englische Zigaretten bei sich. Manchmal war die Schwarzmarktware aber sehr lebhaft und musste zur Räson gebracht werden. In den Morgenstunden des 28. Juni 1947 wurden von den Angehörigen der Bahnpolizei in Neustadt an der Dosse drei Männer festgenommen, die ein von ihnen gestohlenes Schwein mit einem Trommelrevolver erschossen hatten. Einer der Verhafteten war ein Polizist aus Spandau, der somit zweifach wenig Schwein hatte.

Durch den genannten »Tätigkeitsbericht der Polizeiinspektionen« ist auch das folgende Geschehen überliefert: »… von den Eigentumsdelikten wäre der Raubüberfall in den Nachmittagsstunden des 29.12.45 von 4 Männern, die z. T. russische Uniform trugen, auf

Fahrgäste eines U-Bahnzuges Richtung Alexander-platz-Neukölln, hervorzuheben. Unter Bedrohung mit der Schusswaffe forderten sie Uhren, Gold und Ringe. Von den Tätern wurde im Zug ein Schuss abgegeben, der einer unbekannt gebliebenen Frau den Hut durchlöcherte. Auf dem U-Bahnhof Neanderstraße [heute: Heinrich-Heine-Straße] stiegen die Täter um, bestiegen einen Zug in Richtung Alexanderplatz und setzten ihr Treiben fort. Die Täter konnten nicht ermittelt werden ...«

Im Kampf gegen das Verbrechertum fiel der Polizeidiensthund Lappel. Am 19. Juli 1947 gegen 16.30 Uhr wurde er auf einem Streifengang in Blankenfelde vor

Polizeieinsatz am U-Bahnhof Heinrich-Heine-Straße
(früher: Neanderstraße) mit dem Denkmal für Heinrich Heine
(Foto: Detlef Leifer, 2014)

dem Grundstück Schildower Straße 3 von einem Pkw überfahren. Mord oder Unfall? Die Kripo jedenfalls war sofort am Tatort.

Frau Ingeborg
Die Interne Scheidung – eine Köpenickiade.
Um 1971

Schlaue Putzfrau

Die Geschichte des Hauptmanns von Köpenick aus dem Jahr 1906 wird sogar auf den Seychellen erzählt. Seit dieser Zeit ist eine Köpenickiade auf der ganzen Welt ein Gaunerstreich, verübt im Stile des falschen Hauptmanns.

Der Köpenicker Wolfgang Bürger, Jahrgang 1935, hat kürzlich darüber berichtet, dass sich um 1971 in der DDR ein solcher Gaunerstreich abgespielt hatte – natürlich im Stadtbezirk Berlin-Köpenick.

Die alleinstehende Frau Ingeborg arbeitete in einer Reinigungsfirma und fiel durch kleinere Diebstähle auf. In der Hauptverhandlung im Stadtbezirksgericht Berlin-Köpenick war sie geständig und erklärte die Missetaten mit ihren ungünstigen Lebensumstän-

Das Stadtbezirksgericht Köpenick, Mandrellaplatz 6, heute: Amtsgericht Köpenick (Foto: Mirco Wiske, Januar 2022)

den. Sie hatte Glück. Das Gericht würdigte ihre Reue und verurteilte sie zu einer Bewährungsstrafe mit der Verpflichtung zum Schadenersatz. Diplom-Ingenieur Wolfgang Bürger, der zu dieser Zeit als Konstrukteur in einem Elektrobetrieb tätig war, nahm an dieser Verhandlung als Schöffe teil.

Nun war im Stadtbezirksgericht gerade eine Stelle in der Reinigungsabteilung frei, und man stellte Frau Ingeborg ein. Damit wollte man auch ein Zeichen setzen, denn das Gericht hatte häufig Betriebe von der Notwendigkeit zu überzeugen, verurteilte Straftäter einzustellen, um ihnen im Rahmen der Wiedereingliederung ein geregeltes Leben zu ermöglichen.

Frau Ingeborg putzte zur vollsten Zufriedenheit, war höflich und hilfsbereit. Und für sie war es insofern ein Gewinn, als sie Einblick in die Arbeit der anderen Kammern erhielt. Insbesondere fiel ihr auf, dass Ehescheidungen Hochkonjunktur hatten.

Bei der Rechtsantragsstelle herrschte immer großer Andrang. Zur Verbesserung der Arbeit wurde mit dem Termin für die Rechtsantragsstelle ein Fragebogen ausgehändigt. Das oblag der Telefonistin, deren Arbeitsplatz sich am Eingang zum Gericht befand.

Eines Tages fiel die Telefonistin für längere Zeit aus, und Frau Ingeborg übernahm bereitwillig deren Aufgaben. Über den Fragebogen für Scheidungswillige und über die Terminvergabe bei der Rechtsantragsstelle wurde sie ausführlich informiert; es war ihr ausdrücklich verboten worden, Geld für die Gerichtskasse anzunehmen. Der Gerichtskostenvorschuss belief sich auf 100 Mark. Sie verstand alles, denn schließlich hatte sie ja Abitur. Frau Ingeborg war plötzlich eine geachtete Persönlichkeit im Stadtbezirksgericht Berlin-Köpenick.

Eine Frau Zimmermann meldete sich kurze Zeit später telefonisch, dass sie ihren Termin bei der Rechtsantragsstelle nicht wahrnehmen kann, und bat, Frau Ingeborg den notwendigen Fragebogen und den Gerichtskostenvorschuss vorbeibringen zu können. Nun war die Telefonistin gerade knapp bei Kasse, sie nahm die 100 Mark und den Fragebogen entgegen, den sie erst einmal zu Hause in einem Wäschekorb, der auf dem Kleiderschrank stand, verwahrte. Und das Geld gab sie aus, immer noch mit dem Vorsatz, alles bei der nächsten Lohnzahlung weiterzuleiten.

Damit hatte sie eine zusätzliche Geldquelle entdeckt. In weiteren Fällen bot sie ihre Hilfe an, die gern angenommen wurde. Die Scheidungswilligen gaben sich mit formlosen Quittungen zufrieden, zuweilen auf Kopfbögen des Gerichts.

Und es kam, wie es kommen musste. Der Wäschekorb füllte sich, während im Portemonnaie immer gähnende Leere herrschte. Irgendwann musste die Sache auffliegen, das wusste natürlich Frau Ingeborg. Das betroffene Publikum wurde zunehmend unruhig, und die Leute mussten hingehalten werden. Frau Ingeborg vergab nun Termine, die es im Gericht gar nicht gab, um sie dann per Telefon abzusagen, weil der zuständige Richter erkrankt wäre. Auch verschickte sie aus der Telefonzentrale »offizielle« Telegramme, um Termine abzusagen. Wenn Anrufer ungeduldig wurden und den Richter sprechen wollten, schnipste

Frau Ingeborg mit dem Finger gegen das Telefon, was ein Verbindungsgeräusch vortäuschen sollte. Dann sprach sie mit verstellter Stimme als »Richterin«, so dass die Scheidungswilligen weiter hingehalten werden konnten.

Der Erfindungsreichtum von Frau Ingeborg war noch lange nicht ausgeschöpft. Einem weiteren Opfer, das sie im Gericht aufsuchte, erklärte sie, dass ein neuer Beschluss des Obersten Gerichts der DDR die »Interne Scheidung« ermögliche, die eine ähnliche Wirkung entfalten sollte wie ein beschleunigtes Verfahren bei den Strafkammern, und bei dieser Kammer kannte sie sich ja aus. Bei der »Internen Scheidung« würde ein Richterkollegium ausschließlich nach Aktenlage die Scheidung beschließen, die öffentliche Verhandlung entfalle. Voraussetzungen waren, so Frau Ingeborg in ihrer juristischen Argumentation, eine klare Sachlage, keine Kinder als Betroffene und keine großen Vermögenswerte.

Die Frau war begeistert, denn bei ihr traf alles zu: »Was muss ich denn jetzt tun?«

»Nichts«, war die Antwort von Frau Ingeborg, denn sie war ja die Hilfsbereitschaft in Person. »Ich werde das Anliegen weiterleiten, und dann ist wieder Geduld erforderlich.«

»Geduld habe ich«, sagte die Dame, »Sie sind ein Schatz!« Und sie ging mit einer sehr positiven Meinung über die Gerichte in der DDR.

Und tatsächlich: Einige Zeit später wurde den Scheidungswilligen eine Scheidungsurkunde ausgehändigt, auf einem gewöhnlichen Briefbogen des Gerichts und von der Empfängerin fraglos akzeptiert. Natürlich: Die Urkunde war ohne Siegelabdruck des Gerichts und deshalb wertlos. Frau Ingeborg konnte zwar die Gerichtssprache nachahmen, aber an das Dienstsiegel kam sie nicht heran.

Nun erkrankte Frau Ingeborg schwer, so dass sie auf die weiteren Ereignisse keinen Einfluss mehr nehmen konnte. Die Sache nahm ihren Lauf, die Beschwerden über Frau Ingeborg wurden laut und lauter, so dass der Stadtbezirksdirektor selbst Anzeige bei der Staatsanwaltschaft im selben Hause erstattete.

Schon am nächsten Tag machten sich zwei Staatsanwälte auf den Weg zu Frau Ingeborg, die krankheitsbedingt die Wohnung nicht verlassen konnte. Sie wollten eigentlich nur feststellen, ob Frau Ingeborg etwas mit dieser Sache zu tun hatte. Sie legte aber, überrascht und überrumpelt, sofort ein Geständnis ab. Sie wollte ja nur helfen … Sie weinte und gelobte Besserung. Und zeigte bereitwillig den Wäschekorb, den die Staatsanwälte mit Inhalt (fünfunddreißig beantragte Scheidungen) beschlagnahmten.

Was auch heißt, dass ein Diebstahl von 3.500 Mark gegeben war, denn den Gerichtskostenvorschuss hatte sie ja »einbehalten«. Zwei »Interne Scheidungen« flossen mit ihren Dokumenten in die Hauptverhandlung ein, was strafrechtlich eine »Urkundenfälschung« darstellte. Die Hauptverhandlung fand natürlich nicht im Stadtbezirksgericht Berlin-Köpenick statt, denn dieses Gericht war irgendwie Täter und Opfer zugleich und damit befangen. Die Sache ging an das Berliner Stadtgericht in der Littenstraße in Berlin-Mitte.

Das Stadtgericht Berlin in der Littenstraße 14/15, heute: Amtsgericht Mitte (Foto: Harald Bröer, Januar 2022)

Die Verhandlung war öffentlich, es erschien aber kein
Publikum. So waren die drei Richter, der Staatsanwalt
und Frau Ingeborg unter sich. Zeitweise nahm nur der
Direktor des Stadtbezirksgerichts Berlin-Köpenick teil,
der die Arbeit der Angeklagten als Angestellte des Gerichts beurteilte.

Die Beweislage gestaltete sich übersichtlich, das Geld
war verschwunden – bis auf 300 Mark, die die Angeklagte zurückgab. Sie war geständig und versprach
Besserung. Zur Idee der »Internen Scheidung« schwieg
sie beharrlich.

Das Gericht verurteilte Frau Ingeborg zu einer Freiheitsstrafe von zwanzig Monaten, wegen der Vorstrafe
ohne Bewährung, und auf Schadenersatz in Höhe von

3.200 Mark. Sie konnte das Gericht aber ungehindert verlassen, weil sie unheilbar erkrankt war.

Und woher wissen wir das alles? Wolfgang Bürger hatte nach dem ersten Prozess gegen Frau Ingeborg nichts mehr von ihr gehört, aber der Zufall wollte es, dass er wieder Schöffe und damit ehrenamtlicher Richter bei der Verhandlung im Berliner Stadtgericht war.

»Das Leben ist voller launischer Zufälle«, sagte schon Sherlock Holmes zu Dr. Watson in der Meistererzählung »Der Mazarin-Stein« von Arthur Conan Doyle. Ohne diesen launischen Zufall hätten wir nicht erfahren, wie die Tradition des Hauptmanns von Köpenick in seinem Stadtbezirk weitergeschrieben wurde.

Stephan H.
Der Postraub in der Wassergasse.
1977

Wer kennt sie schon, die Wassergasse in Berlins Mitte? Gelegen in der Nähe des Märkischen Museums und der Spreearme, ist sie eine der kürzesten Straßen der Hauptstadt. Dass sich am 12. Mai 1977 gerade dort der spektakulärste Postraub der DDR-Kriminalgeschichte ereignete, hat mit dem damaligen Postamt 14 zu tun. Das Gebäude, in dem sich die kriminellen Geschehnisse entwickelten, ist ein Doppelhaus mit zwei Eingängen: Wassergasse 1 und Köpenicker Straße 94.

Postamt 1977

Es war ein schöner früher Maimorgen, als Hildegard S., sechsundsechzig Jahre alt, Reinigungskraft im Postamt 14, an diesem 12. Mai 1977 gegen 5.45 Uhr auf dem gegenüberliegenden Revier der Volkspolizei (VP) die Schlüssel in Empfang nahm. Sie schloss die Haus-

Postamt heute (Foto: Frank-Rainer Schurich)

Eingang
Wassergasse 1 heute
(Foto: Frank-Rainer
Schurich)

eingangstür Wassergasse 1 auf; wie an jedem Tag lagen
zwei Zeitungspakete vor der Tür zum Postamt, dem
Diensteingang zur Post. Sie nahm die Pakete auf und
betrat ihre Arbeitsstelle.

Kaum hatte sie die Tür aufgeschlossen und den Raum betreten, da war ihr so, als wenn jemand hinter ihr stand. Sie drehte sich um, bekam einen Schreck, denn sie erblickte einen Mann, den sie hier noch nie gesehen hatte. Er umfasste sie mit beiden Händen an der Halsgegend, drängte sie in einen dunklen Postraum, dessen Tür offenstand. Er hatte eine Pistole in der Hand (eine Luftdruckpistole, wie sich später herausstellte) und forderte Hildegard S. auf, ihm sofort den Tresorschlüssel auszuhändigen.

Nun gab es manchmal in der DDR wundersame Dinge, aber dass eine Reinigungskraft den Tresorschlüssel eines Postamtes oder einer Bank in Besitz hatte, das gab es wirklich nicht.

»Ich habe keinen Schlüssel«, stammelte Hildegard S. »Der Leiter des Postamtes, der hat einen. Der muss bald kommen.«

»Nun gut«, schnauzte sie der Unbekannte an, »ab jetzt sagen Sie keinen Ton mehr, sonst schieße ich. Klar?«

»Das geht doch nicht, ich muss hier arbeiten, Sie!«

Der unbekannte Mann packte sie, fesselte sie an Händen und Füßen mit einem mitgebrachten Draht und zog ihr unsanft eine Kapuze über den Kopf. Auch sich selbst zog er eine Kapuze über, begab sich in den Schalterraum und zog die Fensterläden hoch, um keinen Verdacht zu erregen. Er erkundete noch die Alarmanlage, konnte aber feststellen, dass sie außer Betrieb war.

Im Briefabfertigungsraum legte er am Schalter 1 ein Schriftstück ab. Darin äußerte der Posträuber in stilisierten Druckschrift-Großbuchstaben (»Streich-holzschrift«) und mit bewusst eingebautem Fehler: »Ich bin felsenfest davon überzeugt, das ich keinen Fehler gemacht habe und mich gegen jede Möglichkeit der Entdeckung genügend abgesichert habe.«

Er wartete auf den Postamtsdirektor, der schließlich den Tresor öffnete und sämtliches Geld herausgab. Danach verschwand er über den Keller durch die Haustür in der Köpenicker Straße 94. Er kannte sich aus, hatte vorher alles ausgekundschaftet.

Bei der zuständigen Kriminalpolizei der VP-Inspektion Mitte wurde sofort eine Anzeige wegen Raubes im schweren Fall erstattet und noch am selben Tage die Einleitung eines Ermittlungsverfahrens gegen Unbekannt verfügt. Die Schadenssumme betrug 69.820,72 Mark.

Die Kriminalisten machten erstaunliche Entdeckungen und fotografierten alles fachlich perfekt und lehrbuchreif. Sie fanden zahlreiche Gegenstände, die der Täter zurückgelassen hatte: eine Perücke, selbstgenähte Beutel, eine Maske sowie eine Plastikbüchse mit Deckel und Pfefferresten, wohl um eine Verfolgung durch den Fährtenhund zu vereiteln. Ein Fahndungsblatt für die Öffentlichkeit zeigte einige Funde.

Auf der Rückseite des Fahndungsblatts war vermerkt. »Am Tatort wurden mehrere ca. 0,75 m bis 1 m lange, verschiedenfarbig isolierte, 1,8 mm starke Aluminiumkabeladern sichergestellt. Zwei dieser Kabelstücke waren mit einem Seemannsknoten (Webeleinstek) verbunden.«

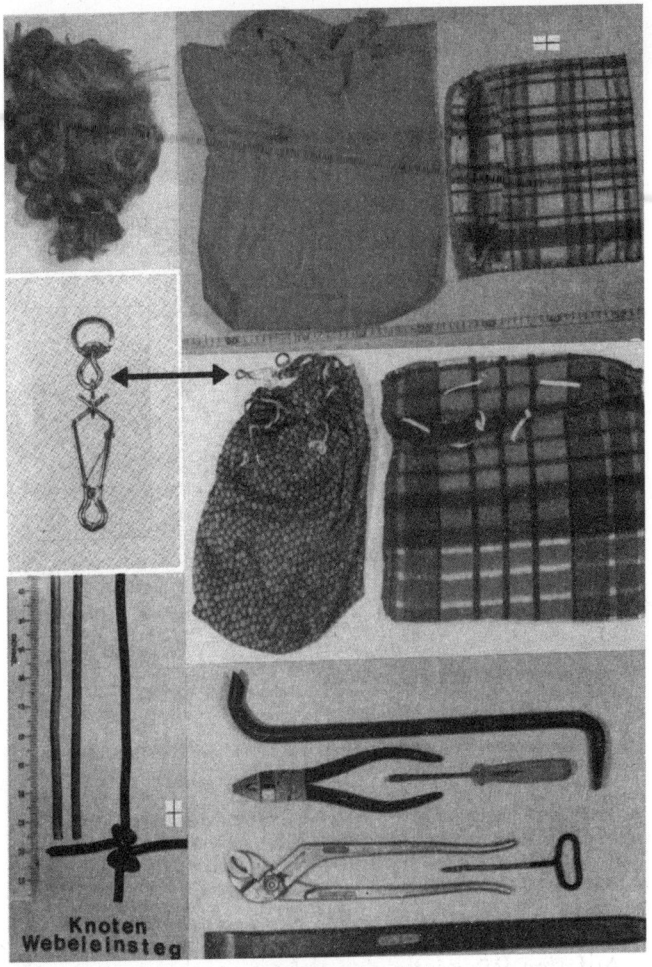

Knoten
Webeleinsteg

Vom Täter am Tatort zurückgelassene Gegenstände

Alle Spuren führten ins Nichts. Wegen der »Streich-
holzschrift« war der Brief an die Kriminalpolizei nicht
auswertbar, auch der Ermittlungserfolg versprechende
Seemannsknoten, den in der DDR wohl nur einschlä-

gig ausgebildete Sportbootfahrer oder Angehörige der Volksmarine und der Gesellschaft für Sport und Technik beherrschten, erbrachte keinen einzigen Verdachtsfall. Und der Fährtenhund gab schnell auf, irritiert und verwirrt durch den verstreuten Pfeffer.

Ergänzung zur Fahndungsinformation 3741

1. Subjektives Porträt vom unbekannten Täter ohne und mit Perücke
2. Personenbeschreibung:
   20–25 Jahre alt, 175–180 cm groß, vermutlich dunkelbraunes Haar bis in den Nacken reichend, untersetzte Gestalt
3. Bekleidung:
   blauer Levisanzug

Nur als Fahndungsmittel für die Deutsche Volkspolizei

Das subjektive Porträt des Posträubers

Hildegard S. hatte den Täter nur ganz kurz ohne Maske gesehen. Dabei befand sie sich in großer Erregung. Das erarbeitete subjektive Porträt (heute: Phantombild) konnte so gar nicht zum Täter führen. Alles sah nach einem perfekten Verbrechen aus.

Doch Stephan H., der Täter, hatte nicht mit dem Invalidenrentner und ehemaligen Bergmann Gottfried B. gerechnet, einem alten Bekannten.

Stephan H. hatte er 1975 in der Untersuchungshaftanstalt Gera kennengelernt, wo beide für längere Zeit in einer Zelle saßen. Gegen B. wurde wegen Scheckbetrügereien ermittelt, gegen H. wegen »Diebstahls sozialistischen Eigentums«, wie es in der DDR hieß. H. hatte sich mit abenteuerlichen, aber sehr gut funktionierenden Konstruktionen auf raffinierte Art bei den Minol-Tankstellen selbst bedient, heißt, er stahl Benzin aus den Großtanks. Er konnte den Kraftstoff mit einer Pumpe direkt in seinen Pkw befördern, womit er lange Zeit unentdeckt blieb.

Eine gemeinsame Zelle hat schon immer zusammengeschmiedet. Nachdem beide entlassen worden waren, trafen sie sich wieder und wählten fünfundzwanzig Postämter in Berlin-Ost aus, in denen sich ein Postraub lohne. B. war aber an Krebs erkrankt und wollte sein Gewissen erleichtern. Er teilte den Kriminalisten mit, dass Stephan H. den Raub in Berlin begangen hatte. Nun stünden möglicherweise Überfälle auf Postämter und Sparkassen unter Verwendung einer Schusswaffe auf seinem Plan.

Jetzt überschlugen sich die Ereignisse. Am 27. März 1979 wurde Stephan H. verhaftet. Am 12. September des Jahres verurteilte ihn das Stadtbezirksgericht Berlin-Pankow zu einer Freiheitsstrafe von zwölf Jahren. H. war ein gebildeter Mann. Er hatte an der Technischen Universität Dresden studiert, dort 1974 den akademischen Grad eines Diplom-Physikers erworben. Er wurde im Januar 1986 vorzeitig auf Bewährung aus der Haft entlassen.

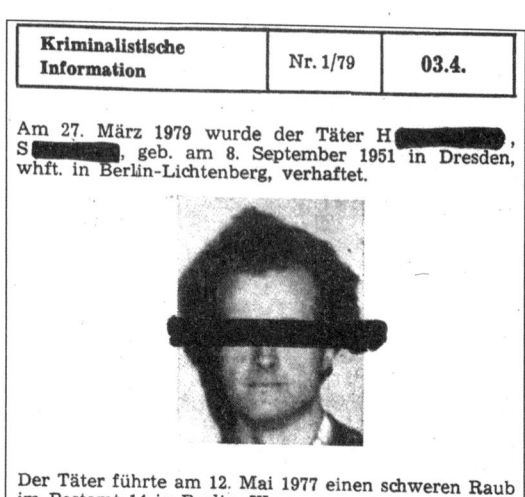

Kriminalistische Information	Nr. 1/79	03.4.

Am 27. März 1979 wurde der Täter H▮▮▮▮▮▮, S▮▮▮▮▮, geb. am 8. September 1951 in Dresden, whft. in Berlin-Lichtenberg, verhaftet.

Der Täter führte am 12. Mai 1977 einen schweren Raub im Postamt 14 in Berlin, Wassergasse 1, durch.
Er beobachtete die Reinigungsfrau und überfiel sie, nachdem sie die hintere Eingangstür des Postamtes aufgeschlossen hatte. Der Täter fesselte sie an Händen und Füßen und forderte die Herausgabe der Tresorschlüssel. Zwischenzeitlich maskierte er sich und wartete im Objekt auf das Eintreffen des Dienststellenleiters, der den Tresorschlüssel bei sich führte.
Den eintreffenden Dienststellenleiter schüchterte er durch Faustschläge und Androhen weiterer Repressalien ein und erzwang sich so die Herausgabe von etwa 70 000,— M aus dem Tresor.
Danach entfernte er sich aus den Räumen der Post, suchte den Hauskeller auf, streute Salz und Pfeffer auf

Kriminalistische Information 1/79 der Hauptabteilung Kriminalpolizei im Ministerium des Innern der DDR über die Verhaftung von Stephan H.

Das in der Wassergasse geraubte Geld hatte Stephan H. ausgegeben. Und das Kabelstück, an dem sich der den Ermittlern Hoffnung spendende Seemannsknoten (Webeleinstek) befand, hatte er auf einer Deponie gefunden und es für spätere Fesselungen mitgenommen. So einfach können Erklärungen sein.

Hans-Joachim U.
Der Doppelmord in der Pappelallee.
1985

Berichte über wahre Kriminalfälle sind immer Seismographen der Wirklichkeit. Sie zeigen einen Ausbruch aus dem Normalen an und geben Fingerzeige zum Zustand der Welt, der Gesellschaft – und hier der DDR. Die Umstände dieses ungewöhnlichen Verbrechens erscheinen wie Zutaten zu einem bizarren Filmplot. Und man fragt sich, wie das geschehen konnte.

Wir sind in Berlin, Hauptstadt der DDR, es ist der 4. Mai 1985, ein Samstag. Reinhard K., Jahrgang 1936 und wohnhaft in Pankow in der Thulestraße, ging um 8.30 Uhr zum Frühschoppen in die Gaststätte *Kastanieneck*, Oderberger Straße an der Ecke Kastanienallee. Er trank sein Bier und saß zunächst allein am Tisch. Am Nachbartisch sah er einen etwa vierzig Jahre alten Mann, der zunächst ein Kreuzworträtsel löste und dann einschlief. Er hatte wohl zu viel getrunken, denn der Wirt brachte ihm kein Bier mehr. Nach einer guten halben Stunde kam Gerhard P. an den Tisch. Sie kannten sich aus dem gemeinsamen Strafvollzug in Magdeburg. K. war ein Dieb und P. ein verbrecherischer Betrüger. Auch das kann eine Freundschaft begründen.

Der Mann am Nachbartisch hatte ausgeschlafen und wollte gehen, aber P. sprach ihn mit »Hallo Baggerfahrer!« an, so dass sich dieser auch zu ihnen an den Tisch begab. P. und der Baggerfahrer waren wohl einmal Arbeitskollegen. Dann erzählte der alte Bekannte eine schauerliche Geschichte. In seiner Wohnung in der Pappelallee lägen angeblich zwei Leichen. Er habe eine Frau, seine langjährige Lebenspartnerin, erwürgt, weil sie ihn andauernd tyrannisierte. Ihre Tochter kam hinzu, und er stach mit dem Messer auf sie ein, ungefähr zwölf- bis vierzehnmal. Mit einigem Stolz bezeichnete er sich als den größten Mörder aus dem Prenzlauer Berg. Und er forderte die beiden Männer auf, sich die Sache vor Ort in der Wohnung anzusehen. Nicht weit weg, in der Pappelallee gleich vorn links.

Gegen zehn Uhr wollten K. und P., die das natürlich nicht glaubten, den Tatort besichtigen. Der Baggerfahrer hatte noch drei Bier getrunken, K. in anderthalb Stunden sechs kleine Bier und einen doppelten »Halb und Halb«, P. in einer Stunde sieben kleine Bier. Sie schwankten also kollektiv in die Pappelallee zur besagten Wohnung in die 4. Etage des Vorderhauses. Der Baggerfahrer schloss die Wohnungstür auf und sagte theatralisch: »Hier riecht es schon nach Leichen.« Gleich links ging vom Flur ein Kinderzimmer ab, hier lag unter der Zudecke, die der Baggerfahrer kurz hochhob, ein lebloses Mädchen. Dann gingen sie ins Wohnzimmer. Im Bettkasten der Doppelliege lag eine unbekleidete tote Frau, und der Baggerfahrer sagte dramatisch: »Und hier Nummer zwei!«

K. war so schockiert, dass er die Wohnung sofort verließ. Er hielt mehrere Funkstreifenwagen an und erzählte seine wahre Geschichte, aber da er stark nach Alkohol roch und sehr konfus redete (das Wort »Leichen« brach aus ihm erst nach einigen Anläufen heraus), glaubte man ihm nicht. Die Polizisten fuhren allesamt davon. Erst gegen zwölf Uhr gelang es ihm, die Besatzung eines Polizeiautos davon zu überzeugen, den Tatort in Augenschein zu nehmen.

Die Wohnungstür in der Pappelallee musste aufgebrochen werden. Die Kriminalpolizei rückte an und untersuchte den Fundort, der zweifelsfrei auch Tatort war. Der Arzt der herbeigerufenen Schnellen Medizinischen Hilfe (SMH) konnte nur den Tod der Opfer feststellen. Dozent Dr. Helmut Waltz vom Institut für gerichtliche Medizin der Humboldt-Universität zu Berlin besichtigte die Toten in der Pappelallee, die dann in das Institut zur Obduktion überführt wurden. Die Opfer: die neununddreißigjährige Christa G., Abteilungsleiterin Produktionsökonomie im VEB Kommunale Wohnungsverwaltung Berlin-Prenzlauer Berg, und ihre Tochter Verena, vierzehn Jahre alt.

Schnell fiel der Verdacht auf einen Hans-Joachim U., der in der Rudolf-Seiffert-Straße in Lichtenberg wohnte, den langjährigen Lebensgefährten von Christa G. Die schnelle Verhaftung erfolgte unter »Mitwirkung der Bevölkerung«, wie es damals hieß. Reinhard K., der sich im Gaststättenmilieu dieser Gegend sehr gut auskannte, vermutete, dass sich Gerhard P. und der Baggerfahrer auf kurzem Weg in die nächste Kneipe begeben hatten, und das war nun einmal auf der derselben Straßenseite ein paar Häuser weiter die Gaststätte *Krüger* in der Pappelallee 80. Dort konnte der Baggerfahrer, Hans-Joachim U., festgenommen werden. Gerhard P. verblieb in der Gaststätte und trank weiter. Was sollte er auch sonst tun.

Verbrechen aufgeklärt

Die Volkspolizei inhaftierte den 39jährigen Hans-Joachim U. aus dem Stadtbezirk Prenzlauer Berg. Unter erheblichem Einfluß von Alkohol hatte er am 5. Mai eine Frau sowie deren Tochter im Stadtbezirk Prenzlauer Berg getötet. Wenige Stunden nach Bekanntwerden der Verbrechen konnte der Täter von der Volkspolizei festgenommen werden.

Verbrechen aufgeklärt.
ADN-Meldung: *Neues Deutschland* vom 11./12. Mai 1985, S. 8

Hauptmann der K Petrich von der Diensthabenden Gruppe (DHG) der Berliner Kriminalpolizei vernahm am 4. Mai 1985 von 14.30 bis 18.00 Uhr Reinhard K. als Zeuge, und danach von 19.15 bis 20.20 Uhr Gerhard P. Beide waren nach dem reichlichen Alkoholgenuss erstaunlich schnell wieder vernehmungsfähig. Gerhard P. sagte ergänzend aus, dass der Baggerfahrer die Tür der Tatwohnung wieder verschlossen hatte. Ordnung musste schließlich sein.

Gegen Hans-Joachim U. wurde ein Ermittlungsverfahren wegen Mordes eingeleitet. In seinen Vernehmungen bei der Morduntersuchungskommission betonte er mehrfach, dass er keine Kraft für eine Selbstanzeige hatte und Gerhard P. schon in der Gaststätte bat, die Polizei zu verständigen. Zum Motiv sagte er aus, dass Christa G. ihn nur noch kritisierte, egal, was er tat. Er hatte wieder einmal kräftig getrunken, und da sei er ausgerastet. »Ansammlung von Affekten, die subjektiv als Spannungs- und Unruhegefühl erlebt werden«, wird später der psychiatrische Gutachter sagen. Hans-Joachim U. soll auch davon gesprochen haben, dass er einfach nur einen Traum realisiert hatte, der ihn oft befiel, um seinen Grundkonflikt zu lösen. Er war wie im Wahn und musste auch die Tochter töten.

Hans-Joachim U. hat eine langjährige Gefängnisstrafe abgesessen und ist dann wieder in die Freiheit entlassen worden. Was aus ihm geworden ist, wissen wir nicht. Seine Taten werden ihn aber immer verfolgt und zuweilen nicht mehr losgelassen haben.

Heinz R.
Der »Heftpflaster«-Fall.
1985 und 1986

Der Wuhletalwanderweg von Ahrensfelde bis zur Mündung der Wuhle in die Spree in Köpenick ist ein Geheimtip – gerade in Coronazeiten. Man kann klimaneutral bis zum S-Bahnhof Ahrensfelde fahren und dann immer an der Wuhle entlang Richtung Süden wandern. Natur pur mitten in der Großstadt. In Biesdorf-Süd, nahe der Geschäftsstelle des *Verbandes Deutscher Grundstücknutzer* in der Irmastraße, verbreitert sich die Wuhlefläche, und das so entstandene kleine Gewässer nennt sich Wuhlesee. Zu Zeiten der DDR umschrieb man den See mit Wuhlebecken. Und in dieser idyllischen Landschaft beginnt unsere Geschichte am 24. August 1985, und plötzlich sind wir mittendrin in einem unheimlichen Kriminalfall.

Es war ein Sonnabend und ein großer Sommertag gewesen. Für die Besitzerin des Wohnwagens am westlichen Rand des Wuhlebeckens aber war es zudem ein unvergesslicher Tag. Margarete Lohmeier, Ende vierzig, hatte vor Jahren den Holzwagen auf einem kleinen Grundstück aufstellen und aufbocken lassen, an einem unbefestigten Weg zwischen Gerald- und Hadubrandstraße. Seither verbrachte sie in der Saison oft ihre Wochenenden oder gar den ganzen Urlaub hier, wenn das Wetter es zuließ. Sie wohnte im Berliner Hans-Loch-Viertel und hatte am Freizeitdomizil sogar eine Postadresse: 1144 Berlin, Köpenicker Wiesenparzelle 3.

Es war, fand sie, nicht nur ein sehr schönes Fleckchen Erde, es war bisher noch nichts passiert, so dass sie sich als alleinstehende Frau sicher fühlen konnte.

Margarete Lohmeier hatte wohl vergessen, die Gardine am Fenster des kleinen linken Raumes zuzuziehen. Sie wollte ins Bett gehen, hatte sich ausgezogen und wusch sich am Waschbecken mit freiem Oberkörper. Vom Weg aus, der ungefähr in 15 Meter Entfernung parallel zum Wohnwagen verlief, war der hellerleuchtete Raum einsehbar, denn nur ein paar relativ junge Obstbäume bevölkerten die Fläche zwischen Wagen und Weg.

Gegen 22.10 Uhr hörte sie ein unheimliches Knacken; sie schloss daraus, dass jemand den Anbau betreten hatte. Sie hielt sich das Handtuch vor die Brust und steckte ihren Kopf vorsichtig durch den Perlenvorhang der ansonsten geöffneten Tür, aber es war niemand zu sehen.

Etwa zwei Minuten später sprang ein maskierter Mann in das kleine Wohnwagenstübchen, in dem Margarete Lohmeier am Waschbecken stand. Die Hände des Monsters steckten in OP-Handschuhen, und in der rechten Hand hielt es ein Messer. Sie schlug mit dem Handtuch auf den Eindringling ein – sie schöpfte ihre Kraft aus dem Gefühl, nicht hilflos ausgeliefert zu sein, denn die Nachbarn waren auch noch auf an diesem schönen Abend.

Entnervt gab der Mann nach kurzer Zeit auf. Er huschte hinaus. Margarete Lohmeier hörte schnelle, sich entfernende Schritte auf dem Holzboden des Vorbaus. Dann wich langsam das tödliche Grauen.

Die Kriminalisten fanden keine verwertbaren Spuren, nur eine vage Personenbeschreibung konnte die Geschädigte geben. Was Frau Lohmeier nicht wusste: Die Kriminalpolizei suchte zu diesem Zeitpunkt einen Serienvergewaltiger, der in Ostberlin unterwegs war und später seine Verbrechen ins östliche Berliner Randgebiet, also in den damaligen Bezirk Frankfurt (Oder), verlagerte.

Am 17. April 1985 hatte er das erste Mal zugeschlagen. Die ersten drei Tatorte waren sehr weit voneinander entfernt, so dass kein räumlicher Zusammenhang auszumachen war. Auch der Charakter der Örtlichkeiten unterschied sich erheblich: Kinderkrankenstation in Berlin-Buch, Einfamilienhaus in Köpenick, Kinderheim mit Nachtpersonal; das Alter der Opfer ließ ebenfalls nur die allgemeine kriminelle Zielrichtung »Vergewaltigung von Frauen« erkennen (fünfundzwanzig Jahre, siebzig Jahre, fünfundvierzig Jahre). Schnell bekam der unbekannte Täter den Namen »Heftpflaster«, der eine Kurzbezeichnung seiner Begehungsweise war. Unter Ausnutzung der Dunkelheit drang er in Räumlichkeiten ein, in denen Frauen allein schliefen. Er bedrohte sie mit einem Messer, knebelte sie, verklebte ihnen Augen und Mund mit Heftpflaster, fesselte und vergewaltigte sie. Teilweise zerschlug er Fensterscheiben oder stieg durch Fenster ein. Die Opfer waren neunzehn bis achtundsiebzig Jahre alt.

Die Tatorte lagen alle im Parterre oder Hochparterre, denn bevor »Heftpflaster« zuschlug, beobachtete er im Schutz der Dunkelheit die Gegebenheiten und sah viele Abende in die erleuchteten Fenster. Schon mit der

vierten Straftat präzisierten sich die Vorstellungen von
»Heftpflaster«. Am 11. August 1985 gelang es dem
Opfer im Schwesternwohnheim des Krankenhauses
Kaulsdorf, Wohnung 109, sich von der Fesselung zu
befreien und dem Täter die Maskerade vom Gesicht
zu reißen. Eine Straßenlaterne spendete dem schreck-
lichen Drama ihr blau-bleiches Licht, und die junge
Frau sah für einen Moment das wahre Gesicht ihres

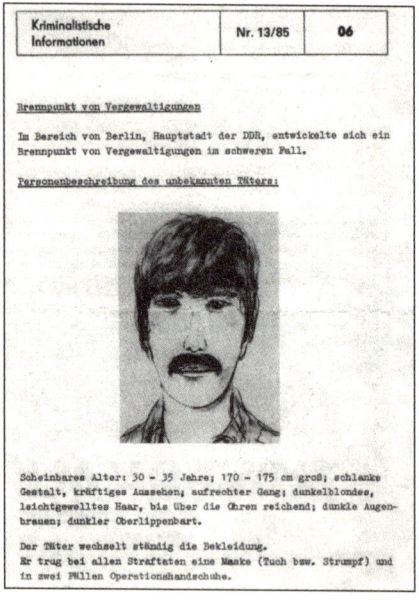

Mit einem subjektiven Porträt in der Ausgabe 13/1995
der »Kriminalistischen Informationen« wurde in der DDR
nach dem Täter im »Heftpflaster«-Fall gefahndet.
Die Blätter gab die Hauptabteilung Kriminalpolizei
im Ministerium des Innern an alle Kripo-Dienststellen
in der DDR zur Information über die Suche nach Tätern
oder deren Verhaftung heraus.

Peinigers, der mit seinen Friktionen kurz innehielt, um das Opfer danach noch brutaler zu verletzen. Er schlug wild auf sie ein. Vielleicht kam sie deshalb mit dem Leben davon, weil es ihr in dem Getümmel gelang, aus dem Zimmer zu flüchten. Und möglicherweise war »Heftpflasters« Messer doch nicht nur zur Abschreckung und Einschüchterung seiner Opfer mitgebracht worden!?

Dieses Gesicht jedenfalls hatte sich bei ihr unsterblich eingeprägt, so fest, dass man annehmen konnte, es würde, wenn es möglich wäre, als Erinnerung den Tod überdauern. Diese Sekundenaufnahme war es dann auch, die eine passable Personenbeschreibung lieferte und ein subjektives Porträt (heute: Phantombild), das zu Fahndungszwecken gut nutzbar erschien.

Für die Kaltschnäuzigkeit und Brutalität des Täters war sein Eindringen in eine Parterrewohnung in der Wilhelm-Guddorf-Straße südlich der Frankfurter Allee im Berliner Bezirk Lichtenberg charakteristisch. »Heftpflaster« wusste aus tagelangen Beobachtungen, dass der Hausmeister und Heizer einer nahegelegenen Schule zur Arbeit ging, während seine Frau noch fest schlief. Am 18. Dezember 1985 überfiel und vergewaltigte er sie in der ihm eigenen Begehungsweise. »Heftpflaster« wurde aber auch diesmal nicht gestellt.

Beim Versuch, in ein Haus in Neuenhagen bei Berlin einzudringen, konnte »Heftpflaster« schließlich verhaftet werden. Der Festgenommene hieß im normalen Leben Heinz R. und war ein vorbestrafter Einbrecher, der seinen »Kick« brauchte. Er führte als Tischler ein ganz unauffälliges Leben und lebte mit einer Partnerin zusammen, die in ihrer späteren Vernehmung sein Sexualleben als ganz normal bezeichnete.

Über ein Jahr später stand Heinz R. vor dem Stadtbezirksgericht Berlin-Marzahn und wurde zu einer Freiheitsstrafe von fünfzehn Jahren verurteilt.

Die Volkspolizei meldet

Sexualtäter wurde ermittelt

Durch intensive Ermittlungen der Volkspolizei sind Sexualstraftaten aufgeklärt worden, die in mehreren Stadtbezirken Berlins sowie in den Kreisen Strausberg und Königs Wusterhausen verübt wurden. Als Täter ermittelte die VP den 42jährigen Heinz R. Er ist geständig und befindet sich in Untersuchungshaft. R. war in Nacht- beziehungsweise Morgenstunden mehrfach in Einfamilienhäuser oder Wohnungen eingedrungen, hatte die Opfer gefesselt und vergewaltigt. Gegen den Täter wurde ein Ermittlungsverfahren eingeleitet. Die Deutsche Volkspolizei dankt für die zahlreichen Hinweise aus der Bevölkerung, die zur Aufklärung der Straftaten beitrugen.

Aus der *Berliner Zeitung* vom 15. Mai 1987

Aus der *Berliner Zeitung* vom 12. März 1986

Verbrecher in Marzahn verurteilt

Das Stadtbezirksgericht Berlin-Marzahn verurteilte den 43jährigen vorbestraften Heinz R. zu einer Freiheitsstrafe von 15 Jahren, zum Schadenersatz und zur Aufenthaltsbeschränkung für Berlin für die Dauer von fünf Jahren nach Verbüßung der Strafe. Er ist überführt, in mehreren Fällen Frauen vergewaltigt und beraubt zu haben. Das Urteil ist rechtskräftig.

ADN

1998 kam er wieder auf freien Fuß; ein Jahr später verhaftete man ihn in Magdeburg wegen weiterer Vergewaltigungen. Er konnte es nicht lassen …

Für die Reihe »Polizeiruf 110« des DDR-Fernsehens schrieb Manfred Mosblech eine Folge unter dem Titel *Der Mann im Baum*. Die Geschichte lehnte sich an den Fall »Heftpflaster« an. Aber einiges war verfremdet worden, vieles neu erzählt, und im Baum hatte Heinz R. wohl nie gesessen.

Mitja Rudko
Die bulgarische Buchela.
1987

In einem Runderlass des Preußischen Innenministeriums vom 3. April 1929 war das Verbot der Beschäftigung sogenannter Kriminaltelepathen mit dem ausdrücklichen Hinweis ausgesprochen worden, dass bei der polizeilichen Aufklärungsarbeit nur Hilfsmittel benutzt werden dürfen, die sich einer Nachprüfung aufgrund sinnlich wahrnehmbarer Tatsachen und auf dem gegenwärtigen Stande der Wissenschaft fußender Methoden nicht entziehen.

Eric Jan Hanussen, mit bürgerlichem Namen Hermann Steinschneider, war in den 1930er Jahren als Hellseher ein Begriff. Sein Stern erlosch aber genauso schnell, wie er aufgegangen war, als man ihm die Anwendung betrügerischer Mittel nachsagte. Hanussen wurde 1933 von den Nazis ermordet.

Nach dem Zweiten Weltkrieg gab es in den westlichen Besatzungszonen eine nicht geringe Anzahl von Hellsehern, die sich in den Dienst der strafaufklärenden Behörden stellte. Noch 1954 erklärte Ernst Seelig in der 8. Auflage des berühmten *Gross'schen Handbuch der Kriminalistik*, dass Telepathen die Gabe besitzen, den Ausdruck eines Menschen genau zu erfassen. Wenn der Untersuchungsführer nicht über diese Eigenschaft verfüge, solle er sich nicht scheuen, einen Telepathen zur Vernehmung oder Durchsuchung hinzuzuziehen.

Franz Meinert, seit 1951 Leiter des Zentralamtes für Kriminalidentifizierung und Polizeistatistik des Landes Bayern und dann bis 1959 Präsident des Bayerischen Landeskriminalamtes in München, hatte sich in seinen umfangreichen Schriften auch der Vernehmung gewidmet. In den früheren Auflagen seiner »Vernehmungstechnik« propagierte er noch die Chirologie oder Chiromantie als polizeiliches Hilfsmittel für die Befragung. Diese »Handlesekunst« sollte aus den Schicksalslinien Erkenntnisse über die Persönlichkeit des Beschuldigten bringen.

In den 1950er Jahren war es dann Gerhard Belgardt alias »Hanussen II«, der, der Bevölkerung, Presse und Gerichte durch seine okkulten Fähigkeiten in den Bann zog. Am 17. August 1947 war er erstmalig vom Amtsgericht des Seebades Ahlbeck wegen Betruges zu vier Monaten Gefängnis verurteilt worden, weil er als Astrologe wertlose Charakterbeschreibungen als wissenschaftliche Horoskope verkauft hatte. Das Landgericht Berlin verdonnerte ihn, weil er aus dem Glauben der Mitmenschen an das Mystische und Okkulte skrupellos Kapital geschlagen hatte, am 8. Juni 1959 zu fünfzehn Monaten Zuchthaus und 5.000 DM Geldstrafe.

Am 20. Januar 1969 wurde mitten in der Nacht die Wache des Fallschirmjäger-Bataillons 261 der Bundeswehr in Lebach überfallen. Vier Wachsoldaten starben, einer wurde schwer verletzt, und die Täter entkamen unerkannt mit Waffen und aus dem Wachbuch herausgerissenen Seiten. Nach dem Motto »Wer für Abrüstung und Verständigung ist, ermordet auch schlafende Bundeswehrsoldaten!« verfolgte man unter der Leitung des Oberstaatsanwalts Siegfried Buback mehr als 2.600 Spuren in linker Richtung, fand aber nichts.

Der Wahrsagerin Madame Buchela, die eigentlich Margarethe Goussanthier hieß und die Adenauer angeblich den Wahlsieg 1953 vorausgesagt haben soll, war dann schließlich der entscheidende Tipp zu verdanken. Ein »Dr. Sardo«, der sich bei einer Sitzung außerordentlich nervös benahm, schien der Dame irgendwie verdächtig, so dass sie seine Autonummer notierte. Als dann in den Zeitungen von Erpresserbriefen die Rede war, mit denen Millionäre dieser Republik unter Hinweis auf Lebach (»Ihnen wird es genauso ergehen!«) und mit Original-Wachbuchseiten als Anlage um Millionen erleichtert werden sollten und die mit »Dr. Sardo« unterzeichnet waren, informierte sie die Polizei. Gefasst wurden drei Herren aus guten Häusern – ein Justizsekretär, ein Bankkaufmann, ein Zahntechniker –, aber nur, weil die Telepathin, die auch die »Wahrsagerin von Bonn« genannt wurde, ausnahmsweise ihren gesunden Menschenverstand eingesetzt hatte.

1966 stellte der Gerichtsmediziner Otto Prokop fest, dass in der Sowjetunion wieder einer neuen Ära der Telepathieforschung entgegengesehen wird. Dabei bezog er sich unter anderem auf Publikationen vom Führer der russischen Telepathen Professor L. L. Wassiljew (so »Suggestion auf Entfernung«, erschienen im Staatlichen Verlag für politische Literatur, und »Experimentelle Forschungen der Gedankenübertragung«), der sich eklektisch aus dem okkultistischen »Gedankenplunder« des vorigen Jahrhunderts bedient habe.

Die Tatsache, dass Wassiljews Werke von einem staatlichen Verlag gefördert wurden, lässt das Ende der Sowjetunion vorhersehen. Offenbar hatten deren führende Politiker schon immer auf anderweitige Welterklärungen gesetzt.

Den Beweis dafür lieferte Gerhard Lauter 2012 in seinem Buch *Chefermittler. Der oberste Fahnder der K in der DDR berichtet.* Im Dezember 1987 verschwand der vierjährige Mitja, Sohn von Hauptmann Iwan Rudko, des Kompaniechefs der sowjetischen Panzereinheit vor Ort. Die Rudkos wohnten am südlichen Stadtrand von Bernau in einer Neubausiedlung mit DDR-Bürgern zusammen. Mitja war vom Spielen nicht zurückgekehrt. Die intensive Suche nach dem

Die Botschaft der Russischen Föderation in Berlin
Unter den Linden, früher die Botschaft der Sowjetunion
(Foto: Harald Bröer, Januar 2022)

Kind sowie Fahndungsaufrufe brachten keine Ergebnisse. In der Nacht nach dem Verschwinden setzte enormer Frost ein, sämtliche Tümpel froren zu.

Der »Chefermittler« Lauter wurde in die sowjetische Botschaft Unter den Linden einbestellt. Nach Auffassung des 1. Botschaftsrates und der anwesenden hohen Militärs befanden sich die DDR-Kriminalisten auf dem Holzweg. Mitja sei von der CIA entführt worden, denn Hauptmann Rudko befehligte modernste Panzer, von denen die NATO noch überhaupt nichts wisse.

Für einen politisch motivierten Erpressungsversuch gab es aber keinerlei Hinweise. So wurde Lauter vierzehn Tage später wiederum in die sowjetische Botschaft geladen. Der gleiche Botschaftsrat und die gleichen Generäle. Der Ton war schärfer geworden, die Atmosphäre frostig. Auch Mitjas Eltern tauchten in diesem Stück auf, und der »Chefermittler« hörte, dass sich der Hauptmann an Gorbatschow gewandt hatte. Dieser habe ihm Unterstützung zugesagt – in Form einer Hellseherin! Sein alter Kumpel Todor Shiwkow, der Chef der bulgarischen Kommunistischen Partei, mobilisierte seine Haus-und-Hof-Wahrsagerin, eine blinde Mathematikprofessorin, die zugleich Oberst der bulgarischen Staatssicherheit gewesen sein soll.

Hauptmann Rudko wurde von der bulgarischen Buchela, die an der türkischen Grenze lebte, sofort mit den Worten empfangen, dass er wohl eine nahestehende Person vermisse. Woher sie das wohl wusste? Dann sah sie in die Kugel, obwohl sie gar nicht sehen konnte, mehr im übertragenen Sinne, und es kam ihr eine optimistische Prophezeiung in den Sinn und über die Lippen: Mitja lebe. Sie sehe ihn an einem großen Tisch sitzen, inmitten einer Familie, gerade zu Abend essend. Das Ganze spiele sich in einem Einfamilienhaus am Rande einer großen Stadt in der Nähe eines Flusses ab.

Der 1. Botschaftsrat ergänzte noch, wohl um den Aussagen der Hellseherin noch mehr Wahrhaftigkeit zu verleihen, dass Todor Shiwkow selbst diese Dame einmal in der Woche besuche.

Ein Autoritätsbeweis der allerersten Güte! Die Schlussfolgerung der sowjetischen Seite war folglich, dass die DDR-Kripo alle Einfamilienhäuser rund um Berlin durchsuchen müsse.

Gerhard Lauter meinte, dass das nicht ginge. Woher die vielen Polizisten nehmen? Und außerdem könne die Volkspolizei ohne richterlich begründete Durchsuchungsbeschlüsse keine Privaträume inspizieren. Punkt.

Man winkte ab: »Euch wird schon noch etwas einfallen.«

Im Januar darauf gab es einen Wärmeeinbruch, und das Eis auf den Tümpeln und Teichen schmolz. Der Leichnam des kleinen Mitja kam zum Vorschein. Er war, wie vermutet wurde, ertrunken; die Obduktion ergab keinerlei Spuren einer Gewalteinwirkung auf das Kind, das beim Spielen abrutschte und in das kalte Wasser fiel.

Es war ein Unfall, womit bewiesen wurde, dass Frau Oberst blind in den falschen Kaffeesatz geschaut hatte.

Matthias Pieper
Ich lasse bitten!
1989

Am 24. November 1989 mietet sich im *Palasthotel* in Berlin-Mitte, Karl-Liebknecht-Straße 5, ein junger Mann ein: Matthias Pieper, neunzehn Jahre alt, der sich als Sohn von Ernst Pieper, des Vorstandsvorsitzenden der Salzgitter AG, ausgibt. Seine Visitenkarten weisen ihn als »Sonderbevollmächtigten« des Konzerns aus, und auch bei der obligatorischen Anmeldung trägt er die Aktiengesellschaft als seine Arbeitsstelle ein.

Original-Visitenkarte. Die private Anschrift unten links wurde aus Personenschutzgründen entfernt.

Matthias Pieper
Sonderbevollmächtigter

Salzgitter AG

Cool und souverän lässt er sich bedienen, den Masseur kommen und einen Mercedes mit Chauffeur vorfahren, um Geschäftsreisen in verschiedene Städte der Noch-DDR zu unternehmen. Sogar Personenschutz wird ihm gewährt, denn als Sohn eines so bedeutenden Geschäftsmannes muss man sich ja ständig vor Angriffen des internationalen Terrorismus schützen! Den Namensbonus nutzt er so geschickt aus. Zur Absicherung seiner Hochstapelei lässt er fingiert den »Alten«

im Hotel anrufen, angefangene Geschäftsbriefe mit dem Salzgitter-Kopf liegen.

Als die Hotelkosten die 10.000 Mark übersteigen, ist eine erste, sehr freundliche Mahnung fällig, die Rechnung doch zu begleichen. Jedoch Herr Pieper jun. überhört die Zahlungsaufforderungen geflissentlich. Die Damen und Herren in der Führungsetage des Hotels lassen sich mit ihren Ansprüchen auf die lange Bank schieben, denn Matthias Pieper unterlässt auch weiterhin keine Möglichkeit, auf seine honorige Abstammung hinzuweisen.

Er wird zu Gesprächen mit offiziellen Herren der DDR-Wirtschaft empfangen, die weitere Türen für den Jungmanager öffnen. So nimmt dieser an einem Empfang für den französischen Staatspräsidenten Mitterand teil, bei der Silvesterfeier im *Palasthotel* wird er als prominentester Gast begrüßt.

Matthias Pieper spricht gebildet und mit korrekt gewählten Worten – wie es nur in diesen Kreisen üblich zu sein scheint. Auf das zeitweilige Leben in der Welt der Reichen und Schönen hatte sich der Junior schließlich auch gut vorbereitet. Die Biografie seines Namensvetters kennt er auswendig. Und über ökonomische Zusammenhänge weiß er ohnehin ein bisschen Bescheid, hatte er doch nach dem Abschluss der zehnten Klasse ein Wirtschaftsgymnasium besucht, das er aber vorzeitig verließ, weil es – wie er später vor Gericht formuliert – seinen geistigen Horizont überstieg.

Ein Schaden in Höhe von 24.448,95 Mark ist für das Hotel schon entstanden, als das Unglück über Matthias

Pieper hereinbricht und ihn aus seinen schönsten Managerträumen reißt. Der vermeintliche Vater Ernst Pieper wird rein zufällig ebenfalls Gast im *Palasthotel*, und da wundern sich die Angestellten schon, dass Vater und Sohn in der Hotelhalle aneinander vorbeigehen und keinen Kontakt suchen.

Der Hochstapler à la Felix Krull wird schließlich von der Kriminalpolizei gesucht, wobei die »Kontaktaufnahme« auf dem Gang des Hotels unspektakulär verläuft. Die Kriminalisten werden noch ein wenig verunsichert, weil Pieper vehement verlangt, einen Vertreter der Ständigen Vertretung der BRD in der DDR zu sprechen. Zur »Klärung eines Sachverhaltes« nehmen ihn die Kriminalisten mit auf das VP-Präsidium am Alexanderplatz, wo sich der Verdächtige nicht gerade heldenhaft auf der Polizeitoilette einschließt und beharrlich weigert, diese Festung zu verlassen. Erst nach Aufbruch der Toilettentür kann er richtig festgenommen werden.

Die finanzielle und nunmehr juristische Sache wird schnell geregelt. Seine Mutter lässt den Schaden begleichen, das Stadtbezirksgericht Berlin-Mitte verurteilt Matthias Pieper zu zwei Jahren Bewährung. Falls sich der Täter nicht bewähren sollte, sind ein Jahr und zehn Monate Freiheitsentzug angedroht.

Ganz Berlin lacht über die Führungsriege des Hotels, die ehrfurchtsvoll und blind einfach auf einen Namen vertraut hatte. Aber geteiltes Leid ist bekanntlich nur halbes Leid. Zur gleichen Zeit laufen in der BRD und in Westberlin ebenfalls Ermittlungen gegen Matthias Pieper, Lagerarbeiter bei der Salzgitter AG ohne

Berufsabschluss, wobei es um eine viel höhere Schadenssumme geht.

Keine Erdbebenfolgen, sondern präzise kalkulierte Abrisstechnologien schleiften im Frühjahr 2001 an der Karl-Liebknecht-Straße das noble, renommierte und fast neue DDR-*Palasthotel*. Der monolithische Stahlbetonbau mit ergänzenden Stahlkonstruktionen von 1979 hatte sechshundert Zimmer und Appartements mit tausendzweihundert Betten, ein Hallenschwimmbad und mehrere Gaststätten. Sein Aufbau erfolgte im Auftrag der *Vereinigung Interhotel* durch das schwedische Unternehmen SIAB. An seiner Stelle entstand das *DomAquarée* mit Hotel, Büros und Wohnungen.

Irgendwie hatte Matthias Pieper dann doch gewonnen ...

Abriss des *Palasthotels* im Frühjahr 2001
(Foto: Frank-Rainer Schurich)

Sergej Serow und Wjatscheslaw Orlow
Der Fall Matthias Hintze.
1997

Am 14. September 1997, vor fünfundzwanzig Jahren, ereignete sich ein grausames Verbrechen. Vor dem elterlichen Haus in Geltow bei Potsdam wurde gegen 21.50 Uhr der zwanzigjährige Gastwirtssohn Matthias Hintze entführt. Kurz darauf kam es in Glindow, wenige Kilometer weiter, zu einem Auffahrunfall – wie sich später herausstellte zwischen den zwei »Tatfahrzeugen« –, bei dem Zeugen den gefesselten Entführten unter einer Kofferraumklappe, die beim Unfall aufgesprungen war, um Hilfe rufen hörten und sahen.

Noch am selben Tage wurde umfangreiches Spurenmaterial, z. B. Fingerabdrücke, DNA, Schuh- und Reifenspuren sowie Fasern, am elterlichen Wohnhaus gesichert. Zwei Tage später fand die Polizei in dem 15 Kilometer entfernten Schmergow in einer Siloanlage einen ausgebrannten 520er BMW (polizeiliches Kennzeichen B-E 8476), der mit Sicherheit als Tat- und Täterfahrzeug eingestuft werden konnte. Das zweite Fahrzeug, der fünfzehn Jahre alte blaue Mercedes Coupé 123 von Matthias Hintze (PM-MH 119), wurde am 17. September 1997 in einem Waldgrundstück bei Berlin-Heiligensee durch einen Jogger entdeckt.

Man ging zunächst davon aus, dass Matthias Hintze seine späteren Entführer beim Diebstahl seines Pkw oder beim Einbruch in das Wohnhaus überraschte und von ihnen überwältigt wurde.

Mehr als sechzig Polizisten aus verschiedenen Bundesländern fahndeten in der Sonderkommission »Matthias«, die Ermittlungen liefen auf Hochtouren, aber alle Spuren und Hinweise endeten zunächst im Nichts. Ein bundesweiter DNA-Abgleich war leider

Hallo Mutter!
War mit Auto in Potsdam, nachmittags.
Von dort entführt worden, sie wollen
1 Million DM. Haben mich in Wald
gebracht u. in einen kleinen Loch gesteckt.
Darf nur Wasser trinken, und nichts essen.
Mutter, wenn Du mich liebst und wiedersehen
willst, dann mache alles was sie sagen
(wollen). Ich weiß du hast nicht soviel Geld,
aber du kannst von Polizei Geld bekommen.
Sie müssen dir Geld geben, aber bei Übergabe
darf keine Polizei dabei sein. Du must
alles ganz genau in den Zeiten, die sie
Dir geben erfüllen. Ich weiß nicht wie du
das machst, aber Du must es schaffen.
Ich hoffe du hilfst mir, ich habe dich ganz
doll lieb.

Der erste Erpresserbrief mit der Handschrift des Opfers. Quelle: Ministerium des Innern und für Kommunales des Landes Brandenburg (Darstellung des Falles im Polizeimagazin *info110*, Ausgabe 2/2017)

noch nicht möglich, da die Datenbank erst ein Jahr später eingerichtet wurde.

Die Lage änderte sich dramatisch, als am 18. September 1997 bei den Eltern ein erster von den Erpressern diktierter Brief mit einer Lösegeldforderung in Höhe von einer Million Mark eintraf. Falls sie das Geld nicht auftreiben konnten, war die Empfehlung des Sohnes im Auftrage der Kidnapper, sich das von der Polizei zu besorgen. Durch einen Handschriftenvergleich mit den Schreibleistungen von Matthias Hintze konnte festgestellt werden, dass das Opfer den Brief verfasst hatte.

Nun überschlugen sich die Ereignisse. Am 19. September 1997 nahmen die Entführer mit russischem Akzent zum ersten Mal telefonischen Kontakt zu den Eltern auf, wobei zweifelsfrei die Stimme von Matthias Hintze zu hören war. Es konnte aber durch Experten relativ schnell nachgewiesen werden, dass die Stimme mit einer Lösegeldbotschaft von einem Diktiergerät abgespielt worden war. Die Frage, ob das Opfer zum

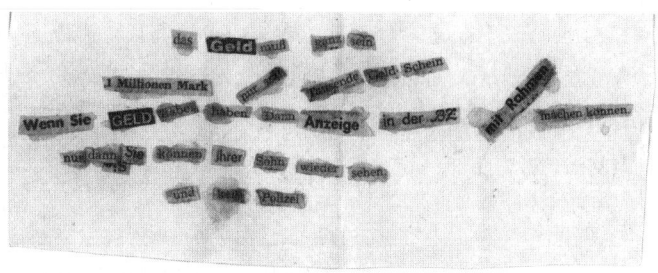

Der zweite Erpresserbrief. Quelle: Ministerium des Innern und für Kommunales des Landes Brandenburg (Darstellung des Falles im Polizeimagazin *info110*, Ausgabe 2/2017)

Zeitpunkt des ersten Anrufs noch lebte, konnte folglich nicht beantwortet werden.

Weitere Erpresserbriefe trafen ein. In einem Brief befand sich ein Polaroid-Foto, das Matthias Hintze in einer Grube zeigte. In elf Telefonanrufen bei seinen Eltern, die aufgezeichnet wurden, ging es um Modalitäten zur Geldübergabe. Das Sachgebiet Sprecher-Erkennung des Landeskriminalamts (LKA) Brandenburg wurde eingeschaltet, um weitere Ermittlungshinweise zu bekommen. Vor allem ging es aber darum, überhaupt zu verstehen, was da gesprochen wurde. Erpresserschreiben und Telefonanrufe deuteten auf dieselbe Urheberschaft hin.

In Briefen an zwei Berliner Tageszeitungen drohten die Entführer, Matthias Hintze in seinem Bunker sterben zu lassen. Sie warfen der Polizei und der Familie Hintze vor, für das Scheitern der Geldübergabeversuche verantwortlich zu sein. Beim zweiten Geldübergabeversuch in Berlin-Pichelswerder funktionierte ein von den Tätern präpariertes ferngelenktes Modellboot nicht – oder es fuhr als Ablenkungsmanöver bewusst in eine falsche Richtung.

Die Eltern appellierten mehrfach an die Entführer, das Leben ihres Sohnes zu schonen, und baten um eine neue Chance zur Geldübergabe und um ein sicheres Lebenszeichen.

Mit großem Aufwand fahndete die Polizei – nach den Entführern und nach dem Opfer Matthias Hintze. In Berlin und im Umland wurden Telefonzellen überwacht, russische Bürger kontrolliert, Phantom-Jagdflieger mit Wärmekameras eingesetzt, die

Öffentlichkeit einbezogen, durch Polizeihundertschaften in zahlreichen ehemaligen sowjetischen Militärobjekten fieberhaft gesucht. Bis zum 8. Oktober 1997 gingen bei der Polizei mehr als 1350 Hinweise ein. Der Ermittlungsdruck stieg gewaltig an. Für die gescheiterten Geldübergaben machte die Polizei in der Presse die Entführer und technische Probleme verantwortlich.

Dann aber änderte sich die Lage. Am 6. Oktober 1997 gegen 22.45 Uhr wurden in Berlin an der Havelchaussee durch Berliner Beamte zwei verdächtige männliche Personen angetroffen und kontrolliert. Sie versuchten noch, sich im Unterholz zu verstecken, konnten aber gestellt werden. Es waren zwei russische Staatsbürger. In deren Pkw in unmittelbarer Nähe des Festnahmeortes fand man einen Schreibblock. Die Handschriftenexperten vom LKA Brandenburg konnten schnell feststellen, dass dieser Block mit Sicherheit als Schreibunterlage für einen Erpresserbrief gedient hatte.

Die beiden Tatverdächtigen und Vorbestraften Sergej Serow (siebenunddreißig Jahre alt) und Wjatscheslaw Orlow (sechsundzwanzig Jahre alt) wurden vorläufig festgenommen. Im August 1992 hatte Serow mit einem Landsmann ein HiFi-Geschäft in Charlottenburg überfallen und wurde im Februar 1993 zu sechseinhalb Jahren Freiheitsentzug verurteilt, weil sie äußerst brutal vorgegangen waren. Sie benutzten Reizgas und schlugen mit einer Wehrmachtpistole auf die Beschäftigten ein, bevor sie mit Geld aus einer erbeuteten Handtasche flüchten konnten. Serow hatte kurz zuvor noch als Aushilfskraft in dem Geschäft gejobbt.

Orlow richtete seine kriminelle Karriere auf den Diebstahl von Luxus-Autos aus, die er dann nach Russland verschob, weswegen er im Dezember 1993 zu drei Jahren Haft verurteilt wurde. Die beiden waren aus Deutschland nach Verbüßung von langjährigen Haftstrafen ausgewiesen worden.

Orlow war Kraftfahrer und diente zwischen 1988 und 1990 bei der in der DDR stationierten Gruppe der sowjetischen Streitkräfte (GSSD). Serow, der Mechaniker und studierte Jurist, war später Offizier. Seinen Wehrdienst leistete er an der chinesisch-russischen Grenze ab, wo es in den 1970er Jahren kriegerische Zustände gab. Eines Tages, so berichtete er später vor Gericht, soll eine Einheit chinesischer Soldaten in sowjetisches Territorium eingefallen sein und mehreren Soldaten die Kehlen durchgeschnitten haben. Sein Kommentar: »Sowas passiert eben.« Serow lernte viel für sein späteres Leben: »Wir wurden ausgebildet zum Töten«, sagte er aus. In der Roten Armee lernte er viel, z. B. Minen zu legen und räumen – und Erdlöcher zu graben.

Und es stellte sich heraus, dass beide am 22. Mai 1997 wieder nach Deutschland eingereist waren und sich überwiegend in Berlin und Potsdam aufhielten. Sie hatten eine Einladung aus Deutschland erhalten und sollten hier Gebrauchtfahrzeuge kaufen, um diese in Polen und in Russland zu veräußern. Kennengelernt hatten sie sich in einem Berliner Gefängnis.

In einer von den Tätern benutzten Berliner Wohnung in Berlin-Schmargendorf in der Cunostraße fand man Beweismaterial, so der Eigentumsnachweis für den bei der Tat genutzten und später ausgebrannten BMW und einen detailliert ausgearbeiteten Plan einer Geldübergabe.

Die Vernehmungen gestalteten sich schwierig, nicht nur wegen der sprachlichen Barrieren. Beide reagierten trotzig, frech und überheblich. *— Kunden*

Nach stundenlangem Hin und Her gab es schließlich einen Teilerfolg. Sergej Serow gestand die Tat und führte die Polizei am 8. Oktober 1997 zu einem Waldstück, zu den »Sandbergtannen« bei der Ortschaft Gotthun an der Müritz (bei Röbel in Mecklenburg-Vorpommern). Matthias Hintze konnte nur noch tot in einer vier Meter tiefen Grube aufgefunden werden; es war jedoch schnell klar, dass das Opfer schon bald nach seiner Verschleppung ums Leben gekommen war. Später gestanden die Kidnapper, dass ihr Opfer schon zwei Tage nach dem Verbrechen gestorben war. Die genaue Todesursache konnte jedoch durch die Obduzenten nicht mehr ermittelt werden. Erstickt? Verdurstet? Verhungert? Erfroren?

Auch Orlow plauderte nach einigem Zögern in seinen Vernehmungen, aber die Aussagen waren zum Teil widersprüchlich. Später stellte sich heraus, dass Serow den Jungen allein zur Grube gefahren hatte, da Orlow mit seinem BMW eine Panne hatte. Sie hatten sich aus den Augen verloren.

Serow und Orlow waren keine »organisierten Verbrecher« der Russen-Mafia, sie wollten, so hieß es zunächst in offiziellen Verlautbarungen, aus reiner Geldgier in das Haus der Hintzes einbrechen und wurden von Matthias überrascht. Dann wäre es ein entsetzlicher oder tödlicher Zufall gewesen. Später gaben die Kidnapper aber zu, die Grube bei Röbel schon einige Tage vor der Entführung gebaut zu haben. Und auch noch zur Sicherheit eine zweite, die später von der Polizei gefunden wurde. In dieser Grube hatte sich nie ein Mensch befunden.

Die Tat war also kaltblütig geplant gewesen. Serow und Orlow hatten ausgekundschaftet, dass die Gastwirtfamilie wohlhabend sei (was nicht der Fall war) und eine Lösegeldforderung Erfolg haben könnte. Orlow gab auch zu Protokoll, dass er 1992 in der Gaststätte der Eltern in Geltow für kurze Zeit als Aushilfe Geschirr abgewaschen haben will, was weder Frau noch Herr Hintze bestätigen konnten.

Was geschah nach der Verhaftung der Kidnapper? Serow flüchtete mit selbstgefertigtem Nachschlüssel und verknüpften Bettlaken aus der Potsdamer Justizvollzugsanstalt (JVA) und konnte vier Tage untertauchen. Ohne Fluchthelfer – das stellte der damalige Justizminister Brandenburgs Bräutigam in seinem Abschlussbericht fest. »Mitursächlich« für den Ausbruch war, dass Serow als Hausarbeiter in der JVA angestellt war, was offenbar »ohne Kenntnis wichtiger sicherheitsrelevanter Fakten« erfolgt war – wie es im Amtsdeutsch hieß.

Serow konnte nach achtundachtzig Stunden in einer Wohnung in der Gaudystraße im Stadtbezirk Prenzlauer Berg durch ein Sondereinsatzkommando der Polizei festgenommen werden. Als die Beamten mit Blendgranaten und schwerbewaffnet zugriffen, war

↗ Ossi

Serow gerade dabei, sich eine Glatze zu rasieren. Er ließ sich ohne Widerstand festnehmen.

Der frierende und wimmernde Ausbrecher hatte bei einem arbeitslosen Lokführer, den er wohl zufällig auf der Straße traf, so viel Mitleid erweckt, dass er in dessen Wohnung Asyl fand. Aber nur für kurze Zeit, denn Letzterer entdeckte in der Zeitung ein Foto von Serow, und da war ihm klar, wen er aufgenommen hatte. Umgehend informierte er die Polizei.

Serow und Orlow äußerten sich in ihren Vernehmungen auch über ihre Beobachtungen bei den Geldübergaben. Bei der ersten, am Pier 13 der »Weißen Flotte« in Potsdam, beobachteten sie das Eintreffen und Agieren der Polizei. Auf der »Langen Brücke« in Potsdam hatten sie die Durchsuchung der Telefonzelle, von der sie angerufen hatten, »observiert«. Die Beamten sollen sich kopflos verhalten haben und über einen längeren Zeitraum ziellos umhergerannt sein.

Zu den Kuriositäten des Falles gehörte, dass sich auch Parapsychologen, Wünschelrutengänger und andere Personen mit abstrusen Theorien bei der Polizei oder der Familie des Opfers meldeten. Einer wusste es ganz genau: Matthias Hintze werde in einem weißen Haus bei Berlin versteckt gehalten, für einen anderen war es Gewissheit, dass er an der ICC-Strecke zwischen Berlin und Oranienburg in einem Bunker festgehalten wird.

Noch ein anderer Fall muss unbedingt erzählt werden. Am 9. Juni 1997, es war ein Montag, war der Geschäftsführer Alexander Galious mit russischer Nationalität, fünfzig Jahre alt, vermögend und herzkrank, unter sehr mysteriösen Umständen aus seinem Computergeschäft ACM in Berlin entführt worden. Vermutlich war er narkotisiert und mit einer Sackkarre zu einem bereitgestellten Pkw verbracht worden. Schnell stellten die Ermittler zum Hintze-Fall viele Parallelen her.

Auch im Fall Galious forderten die Entführer eine Million DM Lösegeld, das im Notfall auch von der Polizei beschafft werden konnte – so ihr Rat. Die Täter sprachen Russisch und drohten der Ehefrau, dass sie ihren Mann im Wald eingraben werden, wenn das Geld nicht fließen sollte.

Gemeinsam mit der Mordkommission wurden beide Ermittlungsakten akribisch verglichen; es konnten insgesamt fünfzehn Parallelen zum Entführungsfall Hintze festgestellt werden. Der oder die Täter nutzten ausschließlich Telefone im Raum Berlin-Brandenburg, und die Stimmen der Opfer wurden den Angehörigen jeweils vom Band präsentiert.

In Vernehmungen stritten Serow und Orlow die Entführung von Galious nicht ab, sondern sie wollten einfach keine Aussage dazu machen. Orlow meinte sogar, dass die große Stunde der Wahrheit in der Gerichtsverhandlung kommen werde. Was aber nicht geschah.

Durch eine schlüssige Beweiskette und die Einlassungen der Angeklagten verurteilte das Landgericht Potsdam Serow und Orlow 2001 wegen erpresserischen Menschenraubs mit Todesfolge zu je vierzehneinhalb Jahren Haft. Die kriminaltechnischen Gutachten des LKA Brandenburg zu den latenten

Durchdruckspuren auf dem Briefblock, zu den Fingerabdrücken, DNA-Spuren und Fasern, zur Sprecher- und Stimmidentifizierung, zur Handschriftenuntersuchung und anderem trugen wesentlich zur Verurteilung bei. Aber die Tötungsabsicht konnte ihnen nicht nachgewiesen werden. Sie beteuerten, dass sie Matthias nicht sterben lassen wollten und sie ihm sogar Nahrung und Frischluft zur Verfügung gestellt hatten. Warum er nach zwei Tagen bereits tot war, konnten sie sich nicht erklären.

1999 wurden Serow und Orlow jeweils zu einer Gesamtstrafe von fünfzehn Jahren verurteilt, nachdem es auch gelang, die Entführung von Alexander Galious, der bisher nicht aufgefunden werden konnte, in Berlin vor Gericht nachzuweisen. Orlow wurde 2013 aus der Haft entlassen und nach Russland abgeschoben. Was aus Serow geworden ist, wissen wir nicht. Hollywood plante jedenfalls die Verfilmung des Stoffes, was bisher aber nicht erfolgt ist.

Verwirrung in diesen Fällen sorgten die unterschiedlichen Familiennamen und die verschiedenen Schreibweisen aus dem Russischen. Sergej Isaichev hatte nach seiner Heirat den Namen der Ehefrau angenommen, deshalb war er dann nur noch »geborener Serow«. Ähnlich tarnte sich auch Wjatscheslaw Kourganow, der den Namen seiner Mutter annahm, so dass er letztendlich ein »geborener Orlow« war. Das hatte die Kriminaluntersuchungen nicht gerade vereinfacht. Aber wenn wir heute lesen, dass im vielgepriesenen Rechtsstaat BRD Kriminelle, Terroristen und Sozialbetrüger mit zwanzig Identitäten und mehr unterwegs sind, war das ja noch ein schlichter Identifizierungsfall.

Die Regenbogenpresse überschlug sich nach der Entführung von Matthias Hintze. Das Geschehen und die polizeilichen Ermittlungen wurden aggressiv verfolgt, so dass es eine sog. »gläserne Lage« gab. Die Medien verstreuten Informationen, von denen die Sonderkommission nichts wusste. Falschinterpretationen und -meldungen standen auf der Tagesordnung.

Vor allem wurde versucht, den Fall und die Tatsache, dass russische Kidnapper agierten, politisch auszuschlachten. Die antirussische Tendenz, die heute in voller Blüte steht, setzte sich durch. Von der Russen-Mafia war die Rede; über 15.000 blutrünstige Verbrecher gehörten angeblich zur dieser gefährlichen Banditen-Vereinigung, gesteuert von Ex-KPdSU-Parteibonzen und KGB-Geheimdienstoffizieren. Weiter: Serow und Orlow seien durch gefälschte Pässe ins Land gekommen (was nicht stimmte), das Opfer stand womöglich mit Rauschgiftgangstern aus Russland in Verbindung.

Angriffe auf die Polizei waren auf der Tagesordnung. Eine Boulevardzeitung titelte am 12. Oktober 1997: »Frau des 2. Opfers klagt an: Polizei-Pfusch?« Elfriede Galious sagte dem Blatt, dass die Polizei im Fall der Entführung ihres Mannes schlecht ermittelt habe. »Ich bin mir sicher: Wenn die Polizei Alexander richtig gesucht hätte, wäre sie auf die Spur der Täter gekommen. Und Matthias könnte noch leben.« – War es wirklich so? Bis heute gibt es keine Spur von Alexander Galious …

Die Untersuchung dieser Verbrechen mit einem hohen personellen und technischen Aufwand gestaltete sich jedenfalls sehr komplex, kompliziert und intensiv – und war letztlich, was das Leben der Opfer betrifft, nicht von Erfolg gekrönt. Aber die Kriminalisten wissen nur zu gut, dass Stärke nicht immer mit Siegen einhergeht. Es sind nicht die Erfolge, aus denen man lernen muss, sondern die Niederlagen.

Adam M.
Der Auftragsmord an der Roßstraßen-
brücke. 2008

Der Schriftsteller der Romantik und geniale Märchen-
erzähler Wilhelm Hauff (* 1802; † 1827) hat in seinem
Gedicht »Reiters Morgengesang« das Thema der Ver-
gänglichkeit im Leben eines Ritters aufgegriffen. Bekannt sind heute noch seine Zeilen aus der zweiten
Strophe: »Gestern noch auf stolzen Rossen, heute
durch die Brust geschossen.« Herausgelöst aus ihrem
historischen Kontext sind diese beiden Zeilen geflü-
gelte Worte geworden, werden aber zumeist nur in
weniger dramatischen Zusammenhängen gebraucht,
wenn jemand zum Beispiel eine Spitzenposition oder
ein Geschäftsfeld verliert. Die Zusammenhänge mit
der Berliner Roßstraßenbrücke, die über den westlichen Spreearm führt, sind allerdings sehr dramatisch.

Kurz zur Geschichte der Brücke. Sie war bereits im
13. Jahrhundert vorhanden, allerdings als Köpenicker
Brücke. Davor lag das Köpenicker Tor, heute etwa
in Höhe Neue Roßstraße 14–15/Ecke Wallstraße,
schräg gegenüber dem U-Bahn-Eingang »Märkisches
Museum«. Wenn man also damals die Fischerinsel
über die Brücke und durch das Tor verließ, hatte man
das mittelalterliche Cölln, das später mit Berlin zur
Stadt Berlin verschmolz, mit seiner Stadtmauer hinter
sich gelassen.

Die kleine massive Roßstraßenbrücke mit nur einem
Bogen wurde in den Jahren 1899 bis 1901 nach einem

Gedenktafel für Herrmann von Holzendorf
(Foto: Frank-Rainer Schurich, 1998)

Entwurf von Ludwig Hoffmann errichtet. Den Namen bekam sie von der Roßstraße (heute: Straße »Fischerinsel«), benannt nach einem großen Aufgebot von Ritterpferden im Jahre 1626, die zum Turnier am Schloss hier vorbeizogen. Die Roßstraße endete süd-

Der Tatort am westlichen Spreearm
(Foto: Frank-Rainer Schurich, 2016)

lich an der Roßstraßenbrücke und in der Verlänge-
rung am Köpenicker Tor. Das Tor war so weit vorge-
lagert und vom Spreekanal entfernt, weil davor noch
ein weiterer Graben den südlichen Teil der Stadt um-
schloss.

An der Roßstraßenbrücke wurde Kriminalgeschichte
geschrieben. Minderschwere Verbrecher verwies man
damals der Stadt und trieb sie aus den Toren. So erging
es zwei Männern, die wegen begangenen Diebstahls
bei Rat Flemmingen am 26. März 1691 vom Berliner
Rathaus bis zum Köpenicker Tor »ausgestrichen«
wurden. Man bearbeitete sie solange mit Hieben, bis
sie das Gemeinwesen endgültig verlassen hatten. Ein
ähnliches Schicksal mussten am 23. Januar 1694 zwei
Frauen erleiden, die man wegen eines »großen Dieb-
stals« vom Neuen Markt bis zum Köpenicker Tor mit
»Ruthen« ausstrich.

Bei den revolutionären Barrikadenkämpfen am
18. März 1848 erschossen drei Soldaten den gefange-
nen Studenten Herrmann von Holzendorf an der Roßstraßenbrücke. Gereizt sahen sie sich, so Augenzeugen,
durch seinen »Demokratenbart«. An diesen feigen
Mord erinnert auf der Brücke eine Gedenktafel.

Nur wenige Meter von der Roßstraßenbrücke entfernt, auf der Uferpromenade in westlicher Richtung
(hier macht der Weg einen leichten Knick nach
rechts) geschah am 3. November 2008 ein Auftrags-
mord – in Höhe des Hochhauses Fischerinsel 6.

An diesem Tage ging der neunundfünfzigjährige
Immobilienmakler Friedhelm Sodenkamp aus Duis-
burg mit einer Dienstwohnung in der Alten Jakob-

straße wie an jedem Abend mit seinem Weimaraner-rüden »Max« eine Gassirunde, die ihn wie immer über die Fischerinsel führte. Es war dunkel, und genau an dieser Stelle zwischen Roßstraßen- und Grünstraßen-brücke fielen aus nächster Nähe drei Schüsse aus einer Beretta 1934, als Sodenkamp abgelenkt war und tele-fonierte. Er wurde von hinten im Herzen und am Kopf getroffen und war sofort tot. Als ihn ein Passant um 19.23 Uhr fand, war das Opfer bereits verblutet.

Schnell wurde ruchbar, dass Sodenkamp mit zwei Bauunternehmern im Streit lag. Der zur Tatzeit sieben-undvierzigjährige italienischstämmige Vito L. und der zweiunddreißig Jahre alte Benjamin L. kamen um-gehend in das Visier der Ermittler. Geschäftspartner Friedhelm Sodenkamp stritt sich mit ihnen um 1,3 Millionen Euro. Er wollte als Bauverantwortlicher, dass die Gelder eines Investors für Sanierungen wegen angeblicher Baumängel nicht fließen. Weil die Firma damit in die Insolvenz getrieben wurde, beschlossen Vito L. und Benjamin L., ihm einen gehörigen Denk-zettel zu verpassen und ihn eine Zeitlang arbeits-unfähig zu machen. Im Prozess stritten sie allerdings ab, einen Auftragskiller engagiert zu haben; beide wurden dennoch 2010 zu lebenslanger Haft verurteilt.

Der Mörder, der den Auftrag ausführte, floh nach Indien. Gegenüber Deutschen und auch Russen prahlte er mit seiner Mordtat, was den Geheimdiens-ten nicht verborgen blieb. Zielfahnder spürten den Auftragskiller Adam M. auf, das Auslieferungsver-fahren zog sich bis Dezember 2011 dahin. Adam M., in Deutschland nicht vorbestraft, ist verheiratet und hat zwei Kinder. Es wurde bekannt, dass er in der polnischen Armee, in der Fremdenlegion und bei einem Sicherheitsdienst in Afrika diente. Er soll 10.000 Euro plus Spesen von seinen Auftraggebern erhalten haben.

Am 11. Juni 2012 begann der Prozess vor dem Landgericht in Moabit gegen den nunmehr vierundvierzigjährigen Polen, der die Tat bestritt. Er wurde Anfang 2013 zu lebenslanger Haft verurteilt. In seinem Urteil stellte das Gericht zudem wegen Heimtücke und Habgier die besondere Schwere seiner Schuld fest, wodurch er nicht nach fünfzehn Jahren vorzeitig auf Bewährung aus der Haft entlassen werden kann.

Das Gericht hatte keinerlei Zweifel an der Schuld des Angeklagten. Richter Bernd Miczajka betonte, dass sich Adam M. nach Zeugenaussagen mehrfach der Tat gerühmt hat: »Rücken, Kopf und Herz, das ist meine Visitenkarte.« Ein anderer Zeuge gab Adam M. so im Prozess wieder: »Ich habe ein Kreuz geschossen, das ist mein Markenzeichen.«

Alles klar? Offenbar nicht, denn die drei Verurteilten streiten nach wie vor die Taten ab. Und Benjamin L. will mit Sicherheit keinen Auftragskiller engagiert haben und versucht vehement, auch mit privaten Ermittlern und Sachverständigen seine Unschuld zu beweisen. Die Düsseldorfer Rechtsanwältin Viktoria Reeb hatte beim Landgericht bereits einen Antrag auf Wiederaufnahme des damaligen Verfahrens eingereicht. Begründet wurde der Antrag damit, dass die Polizei entscheidende, die Angeklagten möglicherweise sogar entlastende Beweismittel dem Gericht vorenthalten habe. »Es liegen neue objektive Beweismittel vor, welche die Beweisführung des erkennenden Gerichts grundlegend erschüttern«, sagte im Januar 2020 die Anwältin laut *Berliner Zeitung*. Der Antrag wurde abgelehnt, denn die Hürden für ein Wiederaufnahmeverfahren sind hoch.

Und es ist auch ein Kreuz mit der Brücke. 1958 nach Kriegsschäden erneuert, war sie nach fast fünfzig Jahren wieder sanierungsbedürftig. 2006 wurde die Brücke auf beiden Fußgängerseiten mit kräftigen Betonpollern im Abstand von einem Meter »verziert«. Damit sollte verhindert werden, dass sich schwere Fahrzeuge auf der morbiden und unter Denkmalschutz stehenden Brücke abstellen.

Die 1901 fertiggestellte Brücke mit vielen Schmuckelementen zierte mittig eine Säule, auf der sich eine Pferdefigur aufbäumte. Von Dezember 2019 bis zum Herbst 2021 wurde das Bauwerk denkmalgerecht saniert. Die Berliner wünschten sich sehr, dass das Roß wieder seinen Säulenplatz bekommt und die Schmuckelemente angebracht werden. Und die Gedenktafel für den ermordeten Herrmann von Holzendorf wieder zu sehen ist.

Die Tafel ist wieder angebracht worden, das Roß fehlt nach wie vor. Ob dann auch an Friedhelm Sodenkamp mit einer Gedenktafel gedacht wird?

Onur U., Osman A., Bilai K. und andere
Der tragische Tod von Jonny K.
2012

Vor der Rathausstraße Nummer 13 in Berlin-Mitte, ganz in der Nähe des Roten Rathauses, erblickt man als Gedenktafel eine in den Gehwegbelag eingelassene Messingplatte für Jonny K. – mit seinem Handabdruck.

Gedenktafel für Jonny K.
(Foto: Frank-Rainer Schurich, 2016)

Der Zwanzigjährige, geboren am 7. April 1992 in Khon Kaen (Thailand), hatte am 13. Oktober 2012 eine Geburtstagsfeier in einem Club am Fernsehturm besucht, die er zusammen mit drei Freunden in den Morgenstunden des 14. Oktober 2012 gegen vier Uhr verließ. Die vier jungen Männer, alle mit Migrationshintergrund, waren alkoholisiert. Auf dem Gehweg der Rathausstraße vor einem Lokal kam es zu einem Streit mit sechs anderen jungen Männern, ebenfalls alkoholisiert und mit Migrationshintergrund, der schließlich zu einer gewalttätigen Auseinandersetzung zwischen Onur U. und einem Bekannten von Jonny K. führte. Jonny K. kam seinem Freund zu Hilfe, wurde aber unvermittelt von der anderen Gruppe angegriffen, zusammengeschlagen und zu Boden gerissen. Durch mehrfache Tritte gegen seinen Kopf verlor Jonny K. das Bewusstsein. Er starb infolge der brutalen Prügelattacke am nächsten Tag in einem Berliner Krankenhaus an Blutungen im Gehirn.

Tatort Rathausstraße
(Foto: Harald Bröer am 25. Oktober 2012)

Nach der Tat stellten sich drei Beteiligte, ein Osman A. wurde von Zielfahndern gefasst. Zwei Tatverdächtige flüchteten nach Griechenland und in die Türkei.

Ein Blumenmeer, zwölf Tage nach der feigen Tat
(Foto: Harald Bröer am 25. Oktober 2012)

Bundeskanzlerin Angela Merkel sprach anlässlich eines Treffens mit dem damaligen türkischen Premierminister Recep Tayyip Erdoğan am 25. Februar 2013 in Ankara den Fall Jonny K. an und machte deutlich, dass sie eine Fahndung nach Onur U. erwarte. Im April 2013 stellte er sich nach seiner Rückkehr aus der Türkei am Berliner Flughafen Tegel der Polizei. Auch der Tatverdächtige Bilai K., der nach Griechenland geflüchtet war, stellte sich Anfang März 2013 den Ermittlungsbehörden.

Anklage wegen Mordes oder Totschlags erhob die Staatsanwaltschaft nicht, weil die gerichtmedizinischen Gutachten und die Ermittlungen zum Tathergang (gezielte Tritte und Schläge gegen den Kopf) den Tötungsvorsatz nicht bestätigten. Alle sechs Verdächtigen mussten sich ab dem 13. Mai 2013 vor dem

Landgericht Berlin verantworten, am 15. August 2013 wurden die Urteile gesprochen.

Das Gericht bewertete die Berichterstattung in der Presse als strafmildernd; die jungen Männer wurden nach der Tat umgehend als »Mörder« und »Killer« tituliert, obwohl, juristisch gesehen, kein vorsätzliches Tötungsdelikt nachgewiesen werden konnte, sondern »nur« eine Körperverletzung mit Todesfolge.

Der Haupttäter Onur U. wurde wegen dieses Deliktes zu viereinhalb Jahren Haft verurteilt, alle anderen zu Haftstrafen ohne Bewährung wegen gefährlicher Körperverletzung, zum Teil nach Jugendstrafrecht. Der Bundesgerichtshof musste sich dann in einem Revisionsverfahren mit dem Fall befassen und beschloss am 27. März 2014, die Revision der Angeklagten als offensichtlich unbegründet zurückzuweisen. Seither sind die Urteile rechtskräftig.

Der Fall Jonny K. schlug wegen der Brutalität der Tat, der Banalität des Anlasses und der Verwicklungen um die Strafverfolgung und die Staatsangehörigkeit des türkisch-deutschen Hauptverdächtigen Onur U. nicht nur hohe mediale Wellen, er wurde auch in ganz Deutschland und darüber hinaus in vielen Ländern bekannt.

An der zentralen Trauerfeier nahmen der damalige Regierende Bürgermeister Klaus Wowereit und der Justizsenator Thomas Heilmann teil. Am 7. April 2013, am 21. Geburtstag von Jonny K., fand vor etwa tausend Besuchern im *Admiralspalast* in Berlin das Gedenkkonzert *I am Jonny – Stimmen für unseren Bruder* statt. Unter anderem wirkten die Blue Man

Group, Andreas Bourani und Glasperlenspiel mit. Der damalige Innensenator Frank Henkel war der Schirmherr der Veranstaltung.

Seine acht Jahre ältere Schwester engagiert sich seit seinem Tod gegen Gewalt und Ausgrenzung unter Jugendlichen und für Gewaltprävention. Sie erhielt dafür den Medienpreis Bambi und den Verdienstorden des Landes Berlin.

Nach der Bluttat an Jonny K. wurde gefordert, die Polizeipräsenz am Alexanderplatz und in seiner Umgebung zu verstärken. Als Reaktion auf weitere tragische Verbrechen, die danach rund um den Platz verübt worden waren, wurde auf dem Alexanderplatz eine Polizeiwache gebaut und Ende 2017 übergeben. Denn dieser Ort ist ein Kriminalitätsschwerpunkt, wobei neben den Gewalttaten vor allem Taschen- und Ladendiebstähle zu nennen sind. Allein im Jahr 2016 verzeichnete die Polizei am Alexanderplatz und an den Flächen um Fernsehturm, die statistisch dazugerechnet werden, 7.820 Straftaten!

Deshalb ein guter Rat beim Spaziergang durch die noch heute kriminelle Berliner Mitte: »Achten Sie auf Ihr Handgepäck!«

Literatur

Zentralkartei für Mordsachen und Lehrmittelsammlung. Landesarchiv Berlin, A Pr.Br.Rep. 030-03 Nr. 899 (Der Mord auf der Jannowitzbrücke), Nr. 1814 und Nr. 1815 (Die Kindermörderin), Nr. 2042 (Die Bestie vom Schlesischen Bahnhof).

Bürger, Wolfgang: *Die interne Scheidung. Eine Köpenickiade.* Manuskript. Berlin 2020.

Forker, Armin: Nachwort zu: W. Stieber: *Practisches Lehrbuch der Criminal-Polizei.* Berlin 1860. Reprint der Originalausgabe. Leipzig 1983, S. I–XXI.

Horn, Michael, und Michael Kirchschlager: *Ein grausamlich mord. Ausgewählte Flugblätter mit Kriminal- und Rechtsfällen aus der Wickiana.* Arnstadt 2015.

Kaiser, Peter, Norbert Moc und Heinz-Peter Zierholz: »Das Loch im Hut der Königin«. In: *Das Loch im Hut der Königin. Ein preußisch-deutscher Pitaval.* Berlin 1980, S. 165–193.

Kroll, Remo, und Frank-Rainer Schurich: *Postraub am Spreekanal und zwei weitere authentische Kriminalfälle aus der DDR.* Berlin 2017.

Krüger, Wolfgang: »Die Mutter geht tanzen, die Kinder verhungern«. In: *Die Kriminalchronik des Dritten Reiches*, Band 1 (1933–1937). Arnstadt 2013, S. 129–144.

Lauter, Gerhard: Chefermittler. *Der oberste Fahnder der K in der DDR berichtet.* Berlin 2012.

Leonhardt, Rainer, und Frank-Rainer Schurich: *Berlin mörderisch. Ein kriminalhistorischer Führer mit Straße und Hausnummer*. Berlin 1999.

Leonhardt, Rainer, und Frank-Rainer Schurich: *Berliner Mord-Geschichten I. Ein kriminalhistorischer Stadtführer durch Berlins Mitte*. Berlin 2017.

Löschburg, Winfried: »Ein Schotte in Berlin«. In: *Im Gasthof »Zu den drei Lilien«. Geschichten rund um die Nikolaikirche*. Berlin 1986, S. 75–82.

Otto, Michael: »Entführungsfall Matthias Hinze«. In: *25 Jahre Landeskriminalamt Brandenburg. Große Kriminalfälle und neue Herausforderungen. Info110. Zeitung der Polizei Brandenburg* 2/2017 (Sonderausgabe), S. 43–44.

Pottle, Frederick A. (Hrsg.): *Boswells große Reise. Deutschland und die Schweiz 1764*. Stuttgart und Konstanz 1955.

Richter, Lukas: *Der Berliner Gassenhauer. Darstellung – Dokumente – Sammlung*. Münster 2004 (Volksliedstudien Band 4).

Schönrock, Birger, und Wolfgang Voigt: »Zum Einsatz polizeilicher Mittel und Methoden bei der Verfolgung und Überwachung der Arbeiterbewegung und die entsprechenden Gegenmaßnahmen des Proletariats in der Zeit von 1848 bis 1945, unter besonderer Berücksichtigung der Personenbeschreibung und -fotografie«. Diplomarbeit. Sektion Kriminalistik der Humboldt-Universität zu Berlin. Berlin 1987.

Schurich, Frank-Rainer: *Tödliche Lust. Sexualstraftaten in der DDR*. Berlin 2016.